FINSE WOORDENSCHAT
nieuwe woorden leren

T&P Books woordenlijsten zijn bedoeld om u te helpen vreemde woorden te leren, te onthouden, en te bestuderen. De woordenschat bevat meer dan 7000 veel gebruikte woorden die thematisch geordend zijn.

- De woordenlijst bevat de meest gebruikte woorden
- Aanbevolen als aanvulling bij welke taalcursus dan ook
- Voldoet aan de behoeften van de beginnende en gevorderde student in vreemde talen
- Geschikt voor dagelijks gebruik, bestudering en zelftestactiviteiten
- Maakt het mogelijk om uw woordenschat te evalueren

Bijzondere kenmerken van de woordenschat

- De woorden zijn gerangschikt naar hun betekenis, niet volgens alfabet
- De woorden worden weergegeven in drie kolommen om bestudering en zelftesten te vergemakkelijken
- Woorden in groepen worden verdeeld in kleine blokken om het leerproces te vergemakkelijken
- De woordenschat biedt een handige en eenvoudige beschrijving van elk buitenlands woord

De woordenschat bevat 198 onderwerpen zoals:

Basisconcepten, getallen, kleuren, maanden, seizoenen, meeteenheden, kleding en accessoires, eten & voeding, restaurant, familieleden, verwanten, karakter, gevoelens, emoties, ziekten, stad, dorp, bezienswaardigheden, winkelen, geld, huis, thuis, kantoor, werken op kantoor, import & export, marketing, werk zoeken, sport, onderwijs, computer, internet, gereedschap, natuur, landen, nationaliteiten en meer …

INHOUDSOPGAVE

FINS
WOORDENSCHAT

NEDERLANDS
FINS

De meest bruikbare woorden
Om uw woordenschat uit te breiden en
uw taalvaardigheid aan te scherpen

7000 woorden

Thematische woordenschat Nederlands-Fins - 7000 woorden

Door Andrey Taranov

Woordenlijsten van T&P Books zijn bedoeld om u woorden van een vreemde taal te helpen leren, onthouden, en bestudering. Dit woordenboek is ingedeeld in thema's en behandelt alle belangrijk terreinen van het dagelijkse leven, bedrijven, wetenschap, cultuur, etc.

Het proces van het leren van woorden met behulp van de op thema's gebaseerde aanpak van T&P Books biedt u de volgende voordelen:

- Correct gegroepeerde informatie is bepalend voor succes bij opeenvolgende stadia van het leren van woorden
- De beschikbaarheid van woorden die van dezelfde stam zijn maakt het mogelijk om woordgroepen te onthouden (in plaats van losse woorden)
- Kleine groepen van woorden faciliteren het proces van het aanmaken van associatieve verbindingen, die nodig zijn bij het consolideren van de woordenschat
- Het niveau van talenkennis kan worden ingeschat door het aantal geleerde woorden

T&P Books Publishing
www.tpbooks.com

ISBN: 978-1-78492-326-6

Dit boek is ook beschikbaar in e-boek formaat.
Gelieve www.tpbooks.com te bezoeken of de belangrijkste online boekwinkels.

UITSPRAAKGIDS

T&P fonetisch alfabet	Fins voorbeeld	Nederlands voorbeeld
[·]	juomalasi [juoma·lasi]	hoge punt
[:]	aalto [a:lto]	lange klinker

Klinkers

[a]	hakata [hakata]	acht
[e]	ensi [ensi]	delen, spreken
[i]	musiikki [musi:kki]	bidden, tint
[o]	filosofi [filosofi]	overeenkomst
[u]	peruna [peruna]	hoed, doe
[ø]	keittiö [kejttiø]	neus, beu
[æ]	määrä [mæ:ræ]	Nederlands Nedersaksisch - dät, Engels - cat
[y]	Bryssel [bryssel]	fuut, uur

Medeklinkers

[b]	banaani [bana:ni]	hebben
[d]	odottaa [odotta:]	Dank u, honderd
[dʒ]	Kambodža [kambodʒa]	jeans, jungle
[f]	farkut [farkut]	feestdag, informeren
[g]	jooga [jo:ga]	goal, tango
[j]	suojatie [suojatæ]	New York, januari
[h]	ohra [ohra]	het, herhalen
[ɦ]	jauhot [jauɦot]	hitte, hypnose
[k]	nokkia [nokkia]	kennen, kleur
[l]	leveä [leveæ]	delen, luchter
[m]	moottori [mo:ttori]	morgen, etmaal
[n]	nainen [najnen]	nemen, zonder
[ŋ]	ankkuri [aŋkkuri]	optelling, jongeman
[p]	pelko [pelko]	parallel, koper
[r]	raketti [raketti]	roepen, breken
[s]	sarastus [sarastus]	spreken, kosten
[t]	tattari [tattari]	tomaat, taart
[ʋ]	luvata [luʋata]	als in Noord-Nederlands - water
[ʃ]	šakki [ʃakki]	shampoo, machine
[ʧ]	Chile [ʧile]	Tsjechië, cello
[z]	kazakki [kazakki]	zeven, zesde

AFKORTINGEN
gebruikt in de woordenschat

Nederlandse afkortingen

abn	-	als bijvoeglijk naamwoord
bijv.	-	bijvoorbeeld
bn	-	bijvoeglijk naamwoord
bw	-	bijwoord
enk.	-	enkelvoud
enz.	-	enzovoort
form.	-	formele taal
inform.	-	informele taal
mann.	-	mannelijk
mil.	-	militair
mv.	-	meervoud
on.ww.	-	onovergankelijk werkwoord
ontelb.	-	ontelbaar
ov.	-	over
ov.ww.	-	overgankelijk werkwoord
telb.	-	telbaar
vn	-	voornaamwoord
vrouw.	-	vrouwelijk
vw	-	voegwoord
vz	-	voorzetsel
wisk.	-	wiskunde
ww	-	werkwoord

Nederlandse artikelen

de	-	gemeenschappelijk geslacht
de/het	-	gemeenschappelijk geslacht, onzijdig
het	-	onzijdig

BASISBEGRIPPEN

Basisbegrippen Deel 1

1. Voornaamwoorden

ik	minä	[minæ]
jij, je	sinä	[sinæ]
hij	hän	[hæn]
zij, ze	hän	[hæn]
het	se	[se]
wij, we	me	[me]
jullie	te	[te]
zij, ze	he	[he]

2. Begroetingen. Begroetingen. Afscheid

Hallo! Dag!	Hei!	[hej]
Hallo!	Hei!	[hej]
Goedemorgen!	Hyvää huomenta!	[hyʋæ: huomenta]
Goedemiddag!	Hyvää päivää!	[hyʋæ: pæjʋæ:]
Goedenavond!	Hyvää iltaa!	[hyʋæ: ilta:]
gedag zeggen (groeten)	tervehtiä	[terʋehtiæ]
Hoi!	Moi!	[moj]
groeten (het)	tervehdys	[terʋehdys]
verwelkomen (ww)	tervehtiä	[terʋehtiæ]
Hoe gaat het?	Mitä kuuluu?	[mitæ ku:lu:]
Is er nog nieuws?	Mitä on uutta?	[mitæ on u:tta]
Dag! Tot ziens!	Näkemiin!	[nækemi:n]
Tot snel! Tot ziens!	Pikaisiin näkemiin!	[pikajsi:n nækemi:n]
Vaarwel!	Hyvästi!	[hyʋæsti]
afscheid nemen (ww)	hyvästellä	[hyʋæstellæ]
Tot kijk!	Hei hei!	[hej hej]
Dank u!	Kiitos!	[ki:tos]
Dank u wel!	Paljon kiitoksia!	[paljon ki:toksia]
Graag gedaan	Ole hyvä	[ole hyʋæ]
Geen dank!	Ei kestä kiittää	[ej kestæ ki:ttæ:]
Geen moeite.	Ei kestä	[ej kestæ]
Excuseer me, ...	Anteeksi!	[ante:ksi]
excuseren (verontschuldigen)	antaa anteeksi	[anta: ante:ksi]
zich verontschuldigen	pyytää anteeksi	[py:tæ: ante:ksi]

Mijn excuses.	Pyydän anteeksi	[py:dæn ante:ksi]
Het spijt me!	Anteeksi!	[ante:ksi]
vergeven (ww)	antaa anteeksi	[anta: ante:ksi]
alsjeblieft	ole hyvä	[ole hyvæ]

Vergeet het niet!	Älkää unohtako!	[ælkæ: unohtako]
Natuurlijk!	Tietysti!	[tietysti]
Natuurlijk niet!	Eipä tietenkään!	[ejpæ tieteŋkæ:n]
Akkoord!	Olen samaa mieltä!	[olen sama: mieltæ]
Zo is het genoeg!	Riittää!	[ri:ttæ:]

3. Kardinale getallen. Deel 1

nul	nolla	[nolla]
een	yksi	[yksi]
twee	kaksi	[kaksi]
drie	kolme	[kolme]
vier	neljä	[neljæ]

vijf	viisi	[ʋi:si]
zes	kuusi	[ku:si]
zeven	seitsemän	[sejtsemæn]
acht	kahdeksan	[kahdeksan]
negen	yhdeksän	[yhdeksæn]

tien	kymmenen	[kymmenen]
elf	yksitoista	[yksi·tojsta]
twaalf	kaksitoista	[kaksi·tojsta]
dertien	kolmetoista	[kolme·tojsta]
veertien	neljätoista	[neljæ·tojsta]

vijftien	viisitoista	[ʋi:si·tojsta]
zestien	kuusitoista	[ku:si·tojsta]
zeventien	seitsemäntoista	[sejtsemæn·tojsta]
achttien	kahdeksantoista	[kahdeksan·tojsta]
negentien	yhdeksäntoista	[yhdeksæn·tojsta]

twintig	kaksikymmentä	[kaksi·kymmentæ]
eenentwintig	kaksikymmentäyksi	[kaksi·kymmentæ·yksi]
tweeëntwintig	kaksikymmentäkaksi	[kaksi·kymmentæ·kaksi]
drieëntwintig	kaksikymmentäkolme	[kaksi·kymmentæ·kolme]

dertig	kolmekymmentä	[kolme·kymmentæ]
eenendertig	kolmekymmentäyksi	[kolme·kymmentæ·yksi]
tweeëndertig	kolmekymmentäkaksi	[kolme·kymmentæ·kaksi]
drieëndertig	kolmekymmentäkolme	[kolme·kymmentæ·kolme]

veertig	neljäkymmentä	[neljæ·kymmentæ]
eenenveertig	neljäkymmentäyksi	[neljæ·kymmentæ·yksi]
tweeënveertig	neljäkymmentäkaksi	[neljæ·kymmentæ·kaksi]
drieënveertig	neljäkymmentäkolme	[neljæ·kymmentæ·kolme]

vijftig	viisikymmentä	[ʋi:si·kymmentæ]
eenenvijftig	viisikymmentäyksi	[ʋi:si·kymmentæ·yksi]

tweeënvijftig	viisikymmentäkaksi	[ui:si·kymmentæ·kaksi]
drieënvijftig	viisikymmentäkolme	[ui:si·kymmentæ·kolme]

zestig	kuusikymmentä	[ku:si·kymmentæ]
eenenzestig	kuusikymmentäyksi	[ku:si·kymmentæ·yksi]
tweeënzestig	kuusikymmentäkaksi	[ku:si·kymmentæ·kaksi]
drieënzestig	kuusikymmentäkolme	[ku:si·kymmentæ·kolme]

zeventig	seitsemänkymmentä	[sejtsemæn·kymmentæ]
eenenzeventig	seitsemänkymmentäyksi	[sejtsemæn·kymmentæ·yksi]
tweeënzeventig	seitsemänkymmentäkaksi	[sejtsemæn·kymmentæ·kaksi]
drieënzeventig	seitsemänkymmentäkolme	[sejtsemæn·kymmentæ·kolme]

tachtig	kahdeksankymmentä	[kahdeksan·kymmentæ]
eenentachtig	kahdeksankymmentäyksi	[kahdeksan·kymmentæ·yksi]
tweeëntachtig	kahdeksankymmentäkaksi	[kahdeksan·kymmentæ·kaksi]
drieëntachtig	kahdeksankymmentäkolme	[kahdeksan·kymmentæ·kolme]

negentig	yhdeksänkymmentä	[yhdeksæn·kymmentæ]
eenennegentig	yhdeksänkymmentäyksi	[yhdeksæn·kymmentæ·yksi]
tweeënnegentig	yhdeksänkymmentäkaksi	[yhdeksæn·kymmentæ·kaksi]
drieënnegentig	yhdeksänkymmentäkolme	[yhdeksæn·kymmentæ·kolme]

4. Kardinale getallen. Deel 2

honderd	sata	[sata]
tweehonderd	kaksisataa	[kaksi·sata:]
driehonderd	kolmesataa	[kolme·sata:]
vierhonderd	neljäsataa	[neljæ·sata:]
vijfhonderd	viisisataa	[ui:si·sata:]
zeshonderd	kuusisataa	[ku:si·sata:]
zevenhonderd	seitsemänsataa	[sejtsemæn·sata:]
achthonderd	kahdeksansataa	[kahdeksan·sata:]
negenhonderd	yhdeksänsataa	[yhdeksæn·sata:]

duizend	tuhat	[tuħat]
tweeduizend	kaksituhatta	[kaksi·tuħatta]
drieduizend	kolmetuhatta	[kolme·tuħatta]
tienduizend	kymmenentuhatta	[kymmenen·tuħatta]
honderdduizend	satatuhatta	[sata·tuħatta]
miljoen (het)	miljoona	[miljo:na]
miljard (het)	miljardi	[miljardi]

5. Getallen. Breuken

breukgetal (het)	murtoluku	[murto·luku]
half	puolet	[puolet]

14

| een derde | kolmasosa | [kolmasosa] |
| kwart | neljäsosa | [neljæsosa] |

een achtste	kahdeksasosa	[kahdeksasosa]
een tiende	kymmenesosa	[kymmenesosa]
twee derde	kaksi kolmasosaa	[kaksi kolmasosa:]
driekwart	kolme neljäsosaa	[kolme neljæsosa:]

6. Getallen. Eenvoudige berekeningen

aftrekking (de)	vähennyslasku	[ʋæɦennys·lasku]
aftrekken (ww)	vähentää	[ʋæɦentæ:]
deling (de)	jako	[jako]
delen (ww)	jakaa	[jaka:]

optelling (de)	yhteenlasku	[yhte:n·lasku]
erbij optellen	laskea yhteen	[laskea yhte:n]
(bij elkaar voegen)		
optellen (ww)	lisätä	[lisætæ]
vermenigvuldiging (de)	kertolasku	[kerto·lasku]
vermenigvuldigen (ww)	kertoa	[kertoa]

7. Getallen. Diversen

cijfer (het)	numero	[numero]
nummer (het)	luku	[luku]
telwoord (het)	lukusana	[luku·sana]
minteken (het)	miinus	[mi:nus]
plusteken (het)	plusmerkki	[plus·merkki]
formule (de)	kaava	[ka:ʋa]

berekening (de)	laskenta	[laskenta]
tellen (ww)	laskea	[laskea]
bijrekenen (ww)	laskea	[laskea]
vergelijken (ww)	verrata	[ʋerrata]

| Hoeveel? (ontelb.) | Kuinka paljon? | [kujŋka paljon] |
| Hoeveel? (telb.) | Kuinka monta? | [kuiŋka monta] |

som (de), totaal (het)	summa	[summa]
uitkomst (de)	tulos	[tulos]
rest (de)	jäännös	[jæ:nnøs]

enkele (bijv. ~ minuten)	muutama	[mu:tama]
weinig (bw)	vähän	[ʋæɦæn]
weinig (telb.)	vähän	[ʋæɦæn]
een beetje (ontelb.)	vähän	[ʋæɦæn]
restant (het)	loput	[loput]
anderhalf	puolitoista	[puoli·tojsta]
dozijn (het)	tusina	[tusina]
middendoor (bw)	kahtia	[kahtia]
even (bw)	tasan	[tasan]

| helft (de) | puoli | [puoli] |
| keer (de) | kerta | [kerta] |

8. De belangrijkste werkwoorden. Deel 1

aanbevelen (ww)	suositella	[suositella]
aandringen (ww)	vaatia	[ʋɑ:tiɑ]
aankomen (per auto, enz.)	saapua	[sɑ:puɑ]
aanraken (ww)	koskettaa	[kosketta:]
adviseren (ww)	neuvoa	[neuʋoɑ]

afdalen (on.ww.)	laskeutua	[laskeutua]
afslaan (naar rechts ~)	kääntää	[kæ:ntæ:]
antwoorden (ww)	vastata	[ʋastata]
bang zijn (ww)	pelätä	[pelætæ]
bedreigen	uhata	[uhata]
(bijv. met een pistool)		

bedriegen (ww)	pettää	[pettæ:]
beëindigen (ww)	lopettaa	[lopetta:]
beginnen (ww)	alkaa	[alka:]
begrijpen (ww)	ymmärtää	[ymmærtæ:]
beheren (managen)	johtaa	[johta:]

beledigen	loukata	[loukata]
(met scheldwoorden)		
beloven (ww)	luvata	[luʋata]
bereiden (koken)	laittaa	[lajtta:]
bespreken (spreken over)	käsitellä	[kæsitellæ]

bestellen (eten ~)	tilata	[tilata]
bestraffen (een stout kind ~)	rangaista	[raŋajsta]
betalen (ww)	maksaa	[maksa:]
betekenen (beduiden)	tarkoittaa, merkitä	[tarkojtta:], [merkitæ]
betreuren (ww)	katua	[katua]

bevallen (prettig vinden)	pitää	[pitæ:]
bevelen (mil.)	käskeä	[kæskeæ]
bevrijden (stad, enz.)	vapauttaa	[ʋapautta:]
bewaren (ww)	pitää, säilyttää	[pitæ:], [sæjlyttæ:]
bezitten (ww)	omistaa	[omista:]

bidden (praten met God)	rukoilla	[rukojlla]
binnengaan (een kamer ~)	tulla sisään	[tulla sisæ:n]
breken (ww)	rikkoa	[rikkoa]

| controleren (ww) | tarkastaa | [tarkasta:] |
| creëren (ww) | luoda | [luoda] |

deelnemen (ww)	osallistua	[osallistua]
denken (ww)	ajatella	[ajatella]
doden (ww)	murhata	[murhata]
doen (ww)	tehdä	[tehdæ]
dorst hebben (ww)	minulla on jano	[minulla on jano]

9. De belangrijkste werkwoorden. Deel 2

een hint geven	vihjata	[vihjata]
eisen (met klem vragen)	vaatia	[va:tia]
excuseren (vergeven)	antaa anteeksi	[anta: ante:ksi]
existeren (bestaan)	olla olemassa	[olla olemassa]
gaan (te voet)	mennä	[mennæ]

gaan zitten (ww)	istua, istuutua	[istua], [istu:tua]
gaan zwemmen	uida	[ujda]
geven (ww)	antaa	[anta:]
glimlachen (ww)	hymyillä	[hymyjllæ]
goed raden (ww)	arvata	[arvata]

grappen maken (ww)	vitsailla	[vitsajlla]
graven (ww)	kaivaa	[kajva:]

hebben (ww)	omistaa	[omista:]
helpen (ww)	auttaa	[autta:]
herhalen (opnieuw zeggen)	toistaa	[tojsta:]
honger hebben (ww)	minulla on nälkä	[minulla on nælkæ]

hopen (ww)	toivoa	[tojvoa]
horen	kuulla	[ku:lla]
(waarnemen met het oor)		
huilen (wenen)	itkeä	[itkeæ]
huren (huis, kamer)	vuokrata	[vuokrata]
informeren (informatie geven)	tiedottaa	[tiedotta:]

instemmen (akkoord gaan)	suostua	[suostua]
jagen (ww)	metsästää	[metsæstæ:]
kennen (kennis hebben van iemand)	tuntea	[tuntea]
kiezen (ww)	valita	[valita]
klagen (ww)	valittaa	[valitta:]

kosten (ww)	maksaa	[maksa:]
kunnen (ww)	voida	[vojda]
lachen (ww)	nauraa	[naura:]
laten vallen (ww)	pudottaa	[pudotta:]
lezen (ww)	lukea	[lukea]

liefhebben (ww)	rakastaa	[rakasta:]
lunchen (ww)	syödä lounasta	[syødæ lounasta]
nemen (ww)	ottaa	[otta:]
nodig zijn (ww)	tarvita	[tarvita]

10. De belangrijkste werkwoorden. Deel 3

onderschatten (ww)	aliarvioida	[aliarviojda]
ondertekenen (ww)	allekirjoittaa	[allekirjoitta:]
ontbijten (ww)	syödä aamiaista	[syødæ a:miajsta]
openen (ww)	avata	[avata]

ophouden (ww)	lakata	[lakata]
opmerken (zien)	huomata	[huomata]

opscheppen (ww)	kerskua	[kerskua]
opschrijven (ww)	kirjoittaa muistiin	[kirjoitta: mujsti:n]
plannen (ww)	suunnitella	[su:nnitella]
prefereren (verkiezen)	pitää enemmän	[pitæ: enemmæn]
proberen (trachten)	koettaa	[koetta:]
redden (ww)	pelastaa	[pelasta:]

rekenen op ...	luottaa	[luotta:]
rennen (ww)	juosta	[juosta]
reserveren (een hotelkamer ~)	varata	[varata]
roepen (om hulp)	kutsua	[kutsua]
schieten (ww)	ampua	[ampua]
schreeuwen (ww)	huutaa	[hu:ta:]

schrijven (ww)	kirjoittaa	[kirjoitta:]
souperen (ww)	illastaa	[illasta:]
spelen (kinderen)	leikkiä	[lejkkiæ]
spreken (ww)	keskustella	[keskustella]
stelen (ww)	varastaa	[varasta:]
stoppen (pauzeren)	pysähtyä	[pysæhtyæ]

studeren (Nederlands ~)	oppia	[oppia]
sturen (zenden)	lähettää	[læhettæ:]
tellen (optellen)	laskea	[laskea]
toebehoren aan ...	kuulua	[ku:lua]
toestaan (ww)	antaa lupa	[anta: lupa]
tonen (ww)	näyttää	[næyttæ:]

twijfelen (onzeker zijn)	epäillä	[epæjllæ]
uitgaan (ww)	mennä, tulla ulos	[mennæ], [tulla ulos]
uitnodigen (ww)	kutsua	[kutsua]
uitspreken (ww)	lausua	[lausua]
uitvaren tegen (ww)	haukkua	[haukkua]

11. De belangrijkste werkwoorden. Deel 4

vallen (ww)	kaatua	[ka:tua]
vangen (ww)	ottaa kiinni	[otta: ki:nni]
veranderen (anders maken)	muuttaa	[mu:tta:]
verbaasd zijn (ww)	ihmetellä	[ihmetellæ]
verbergen (ww)	piilotella	[pi:lotella]

verdedigen (je land ~)	puolustaa	[puolusta:]
verenigen (ww)	yhdistää	[yhdistæ:]
vergelijken (ww)	verrata	[verrata]
vergeten (ww)	unohtaa	[unohta:]
vergeven (ww)	antaa anteeksi	[anta: ante:ksi]

verklaren (uitleggen)	selittää	[selittæ:]
verkopen (per stuk ~)	myydä	[my:dæ]

vermelden (praten over)	mainita	[majnita]
versieren (decoreren)	koristaa	[korista:]
vertalen (ww)	kääntää	[kæ:ntæ:]

vertrouwen (ww)	luottaa	[luotta:]
vervolgen (ww)	jatkaa	[jatka:]
verwarren (met elkaar ~)	sekoittaa	[sekojtta:]
verzoeken (ww)	pyytää	[py:tæ:]
verzuimen (school, enz.)	olla poissa	[olla pojssa]

vinden (ww)	löytää	[løytæ:]
vliegen (ww)	lentää	[lentæ:]
volgen (ww)	seurata	[seurata]
voorstellen (ww)	ehdottaa	[ehdotta:]
voorzien (verwachten)	odottaa	[odotta:]
vragen (ww)	kysyä	[kysyæ]

waarnemen (ww)	tarkkailla	[tarkkajlla]
waarschuwen (ww)	varoittaa	[uarojtta:]
wachten (ww)	odottaa	[odotta:]
weerspreken (ww)	vastustaa	[uastusta:]
weigeren (ww)	kieltäytyä	[kæltæytyæ]

werken (ww)	työskennellä	[tyøskennellæ]
weten (ww)	tietää	[tietæ:]
willen (verlangen)	haluta	[haluta]
zeggen (ww)	sanoa	[sanoa]
zich haasten (ww)	pitää kiirettä	[pitæ: ki:rettæ]

zich interesseren voor ...	kiinnostua	[ki:nnostua]
zich vergissen (ww)	erehtyä	[erehtyæ]
zich verontschuldigen	pyytää anteeksi	[py:tæ: ante:ksi]
zien (ww)	nähdä	[næhdæ]

zijn (ww)	olla	[olla]
zoeken (ww)	etsiä	[etsiæ]
zwemmen (ww)	uida	[ujda]
zwijgen (ww)	olla vaiti	[olla uajti]

12. Kleuren

kleur (de)	väri	[uæri]
tint (de)	sävy, värisävy	[sæuy], [uæri·sæuy]
kleurnuance (de)	värisävy	[uæri·sæuy]
regenboog (de)	sateenkaari	[sate:n·ka:ri]

wit (bn)	valkoinen	[ualkojnen]
zwart (bn)	musta	[musta]
grijs (bn)	harmaa	[harma:]

groen (bn)	vihreä	[uihreæ]
geel (bn)	keltainen	[keltajnen]
rood (bn)	punainen	[punajnen]
blauw (bn)	sininen	[sininen]

lichtblauw (bn)	vaaleansininen	[ʋɑːleɑn·sininen]
roze (bn)	vaaleanpunainen	[ʋɑːleɑn·punɑjnen]
oranje (bn)	oranssi	[orɑnssi]
violet (bn)	violetti	[ʋioletti]
bruin (bn)	ruskea	[ruskeɑ]

goud (bn)	kultainen	[kultɑjnen]
zilverkleurig (bn)	hopeinen	[hopejnen]

beige (bn)	beige	[bejge]
roomkleurig (bn)	kermanvärinen	[kerman·ʋærinen]
turkoois (bn)	turkoosi	[turkoːsi]
kersrood (bn)	kirsikanpunainen	[kirsikɑn·punɑjnen]
lila (bn)	sinipunainen	[sini·punɑjnen]
karmijnrood (bn)	karmiininpunainen	[karmiːnen·punɑjnen]

licht (bn)	vaalea	[ʋɑːleɑ]
donker (bn)	tumma	[tummɑ]
fel (bn)	kirkas	[kirkɑs]

kleur-, kleurig (bn)	väri-	[ʋæri]
kleuren- (abn)	väri-	[ʋæri]
zwart-wit (bn)	mustavalkoinen	[mustɑ·ʋɑlkojnen]
eenkleurig (bn)	yksivärinen	[yksi·ʋærinen]
veelkleurig (bn)	erivärinen	[eriʋærinen]

13. Vragen

Wie?	Kuka?	[kukɑ]
Wat?	Mikä?	[mikæ]
Waar?	Missä?	[missæ]
Waarheen?	Mihin?	[mihin]
Waarvandaan?	Mistä?	[mistæ]
Wanneer?	Milloin?	[millojn]
Waarom?	Mitä varten?	[mitæ ʋɑrten]
Waarom?	Miksi?	[miksi]

Waarvoor dan ook?	Minkä vuoksi?	[miŋkæ ʋuoksi]
Hoe?	Miten?	[miten]
Wat voor …?	Millainen?	[millɑjnen]
Welk?	Mikä?	[mikæ]
Aan wie?	Kenelle?	[kenelle]
Over wie?	Kenestä?	[kenestæ]
Waarover?	Mistä?	[mistæ]
Met wie?	Kenen kanssa?	[kenen kɑnssɑ]
Hoeveel? (telb.)	Kuinka monta?	[kuiŋkɑ montɑ]
Van wie? (mann.)	Kenen?	[kenen]

14. Functiewoorden. Bijwoorden. Deel 1

Waar?	Missä?	[missæ]
hier (bw)	täällä	[tæːllæ]

daar (bw)	siellä	[siellæ]
ergens (bw)	jossain	[jossɑjn]
nergens (bw)	ei missään	[ej missæ:n]

bij ... (in de buurt)	luona	[luonɑ]
bij het raam	ikkunan vieressä	[ikkunɑn ʋæressæ]

Waarheen?	Mihin?	[mihin]
hierheen (bw)	tänne	[tænne]
daarheen (bw)	tuonne	[tuonne]
hiervandaan (bw)	täältä	[tæ:ltæ]
daarvandaan (bw)	sieltä	[sieltæ]

dichtbij (bw)	lähellä	[læhellæ]
ver (bw)	kaukana	[kɑukɑnɑ]

in de buurt (van ...)	luona	[luonɑ]
dichtbij (bw)	vieressä	[ʋieressæ]
niet ver (bw)	lähelle	[læhelle]

linker (bn)	vasen	[ʋɑsen]
links (bw)	vasemmalla	[ʋɑsemmɑllɑ]
linksaf, naar links (bw)	vasemmalle	[ʋɑsemmɑlle]

rechter (bn)	oikea	[ojkeɑ]
rechts (bw)	oikealla	[ojkeɑllɑ]
rechtsaf, naar rechts (bw)	oikealle	[ojkeɑlle]

vooraan (bw)	edessä	[edessæ]
voorste (bn)	etumainen	[etumɑjnen]
vooruit (bw)	eteenpäin	[ete:npæjn]

achter (bw)	takana	[tɑkɑnɑ]
van achteren (bw)	takaa	[tɑkɑ:]
achteruit (naar achteren)	takaisin	[tɑkɑjsin]

midden (het)	keskikohta	[keski·kohtɑ]
in het midden (bw)	keskellä	[keskellæ]

opzij (bw)	sivulta	[siʋultɑ]
overal (bw)	kaikkialla	[kɑjkkiɑllɑ]
omheen (bw)	ympärillä	[ympærillæ]

binnenuit (bw)	sisäpuolelta	[sisæ·puoleltɑ]
naar ergens (bw)	jonnekin	[jonnekin]
rechtdoor (bw)	suoraan	[suorɑ:n]
terug (bijv. ~ komen)	takaisin	[tɑkɑjsin]

ergens vandaan (bw)	jostakin	[jostɑkin]
ergens vandaan (en dit geld moet ~ komen)	jostakin	[jostɑkin]

ten eerste (bw)	ensiksi	[ensiksi]
ten tweede (bw)	toiseksi	[tojseksi]
ten derde (bw)	kolmanneksi	[kolmɑnneksi]
plotseling (bw)	äkkiä	[ækkiæ]

in het begin (bw)	alussa	[alussa]
voor de eerste keer (bw)	ensi kerran	[ensi kerran]
lang voor ... (bw)	kauan ennen kuin	[kauan ennen kuin]
opnieuw (bw)	uudestaan	[u:desta:n]
voor eeuwig (bw)	pysyvästi	[pysyʋæsti]

nooit (bw)	ei koskaan	[ej koska:n]
weer (bw)	taas	[ta:s]
nu (bw)	nyt	[nyt]
vaak (bw)	usein	[usejn]
toen (bw)	silloin	[sillojn]
urgent (bw)	kiireellisesti	[ki:re:llisesti]
meestal (bw)	tavallisesti	[taʋallisesti]

trouwens, ... (tussen haakjes)	muuten	[mu:ten]
mogelijk (bw)	ehkä	[ehkæ]
waarschijnlijk (bw)	todennäköisesti	[toden·nækøjsesti]
misschien (bw)	ehkä	[ehkæ]
trouwens (bw)	sitä paitsi, ...	[sitæ pajtsi]
daarom ...	siksi	[siksi]
in weerwil van ...	huolimatta	[huolimatta]
dankzij ...	avulla	[aʋulla]

wat (vn)	mikä	[mikæ]
dat (vw)	että	[ettæ]
iets (vn)	jokin	[jokin]
iets	jotakin	[jotakin]
niets (vn)	ei mitään	[ej mitæ:n]

wie (~ is daar?)	kuka	[kuka]
iemand (een onbekende)	joku	[joku]
iemand (een bepaald persoon)	joku	[joku]

niemand (vn)	ei kukaan	[ej kuka:n]
nergens (bw)	ei mihinkään	[ej mihiŋkæ:n]
niemands (bn)	ei kenenkään	[ej keneŋkæ:n]
iemands (bn)	jonkun	[joŋkun]

zo (Ik ben ~ blij)	niin	[ni:n]
ook (evenals)	myös	[myøs]
alsook (eveneens)	myös	[myøs]

15. Functiewoorden. Bijwoorden. Deel 2

Waarom?	Miksi?	[miksi]
om een bepaalde reden	jostain syystä	[jostajn sy:stæ]
omdat ...	koska	[koska]
voor een bepaald doel	jonkin vuoksi	[joŋkin ʋuoksi]

en (vw)	ja	[ja]
of (vw)	tai	[taj]
maar (vw)	mutta	[mutta]

voor (vz)	varten	[ʋɑrten]
te (~ veel mensen)	liian	[liːɑn]
alleen (bw)	vain	[ʋɑjn]
precies (bw)	tarkasti	[tɑrkɑsti]
ongeveer (~ 10 kg)	noin	[nojn]
omstreeks (bw)	likimäärin	[likimæːrin]
bij benadering (bn)	likimääräinen	[likimæːræjnen]
bijna (bw)	melkein	[melkejn]
rest (de)	loput	[loput]
elk (bn)	joka	[jokɑ]
om het even welk	jokainen	[jokɑjnen]
veel (grote hoeveelheid)	paljon	[pɑljon]
veel mensen	monet	[monet]
iedereen (alle personen)	kaikki	[kɑjkki]
in ruil voor ...	sen vastineeksi	[sen ʋɑstineːksi]
in ruil (bw)	sijaan	[sijɑːn]
met de hand (bw)	käsin	[kæsin]
onwaarschijnlijk (bw)	tuskin	[tuskin]
waarschijnlijk (bw)	varmaan	[ʋɑrmɑːn]
met opzet (bw)	tahallaan	[tɑhɑllɑːn]
toevallig (bw)	sattumalta	[sɑttumɑltɑ]
zeer (bw)	erittäin	[erittæjn]
bijvoorbeeld (bw)	esimerkiksi	[esimerkiksi]
tussen (~ twee steden)	välillä	[ʋælillæ]
tussen (te midden van)	keskuudessa	[keskuːdessɑ]
zoveel (bw)	niin monta, niin paljon	[niːn montɑ], [niːn pɑljon]
vooral (bw)	erikoisesti	[erikojsesti]

Basisbegrippen Deel 2

16. Tegenovergestelden

rijk (bn)	**rikas**	[rikɑs]
arm (bn)	**köyhä**	[køyɦæ]
ziek (bn)	**sairas**	[sɑjrɑs]
gezond (bn)	**terve**	[terve]
groot (bn)	**iso**	[iso]
klein (bn)	**pieni**	[pæni]
snel (bw)	**nopeasti**	[nopeɑsti]
langzaam (bw)	**hitaasti**	[hitɑːsti]
snel (bn)	**nopea**	[nopeɑ]
langzaam (bn)	**hidas**	[hidɑs]
vrolijk (bn)	**iloinen**	[ilojnen]
treurig (bn)	**surullinen**	[surullinen]
samen (bw)	**yhdessä**	[yhdessæ]
apart (bw)	**erikseen**	[erikse:n]
hardop (~ lezen)	**ääneen**	[æːneːn]
stil (~ lezen)	**itsekseen**	[itsekseːn]
hoog (bn)	**korkea**	[korkeɑ]
laag (bn)	**matala**	[mɑtɑlɑ]
diep (bn)	**syvä**	[syʋæ]
ondiep (bn)	**matala**	[mɑtɑlɑ]
ja	**kyllä**	[kyllæ]
nee	**ei**	[ej]
ver (bn)	**kaukainen**	[kaukɑjnen]
dicht (bn)	**läheinen**	[læɦejnen]
ver (bw)	**kaukana**	[kaukɑnɑ]
dichtbij (bw)	**vieressä**	[ʋieressæ]
lang (bn)	**pitkä**	[pitkæ]
kort (bn)	**lyhyt**	[lyɦyt]
vriendelijk (goedhartig)	**hyvä**	[hyʋæ]
kwaad (bn)	**vihainen**	[ʋiɦɑjnen]
gehuwd (mann.)	**naimisissa**	[nɑjmisissɑ]

ongehuwd (mann.)	naimaton	[najmaton]
verbieden (ww)	kieltää	[kjeltæ:]
toestaan (ww)	antaa lupa	[anta: lupa]
einde (het)	loppu	[loppu]
begin (het)	alku	[alku]
linker (bn)	vasen	[ʋasen]
rechter (bn)	oikea	[ojkea]
eerste (bn)	ensimmäinen	[ensimmæjnen]
laatste (bn)	viimeinen	[ʋi:mejnen]
misdaad (de)	rikos	[rikos]
bestraffing (de)	rangaistus	[raŋajstus]
bevelen (ww)	käskeä	[kæskeæ]
gehoorzamen (ww)	alistua	[alistua]
recht (bn)	suora	[suora]
krom (bn)	käyrä	[kæyræ]
paradijs (het)	paratiisi	[parati:si]
hel (de)	helvetti	[helʋetti]
geboren worden (ww)	syntyä	[syntyæ]
sterven (ww)	kuolla	[kuolla]
sterk (bn)	voimakas	[ʋojmakas]
zwak (bn)	heikko	[hejkko]
oud (bn)	vanha	[ʋanha]
jong (bn)	nuori	[nuori]
oud (bn)	vanha	[ʋanha]
nieuw (bn)	uusi	[u:si]
hard (bn)	kova	[koʋa]
zacht (bn)	pehmeä	[pehmeæ]
warm (bn)	lämmin	[læmmin]
koud (bn)	kylmä	[kylmæ]
dik (bn)	lihava	[lihaʋa]
dun (bn)	laiha	[lajha]
smal (bn)	kapea	[kapeæ]
breed (bn)	leveä	[leʋeæ]
goed (bn)	hyvä	[hyʋæ]
slecht (bn)	huono	[huono]
moedig (bn)	rohkea	[rohkea]
laf (bn)	pelkurimainen	[pelkurimajnen]

17. Dagen van de week

maandag (de)	maanantai	[ma:nantaj]
dinsdag (de)	tiistai	[ti:staj]
woensdag (de)	keskiviikko	[keskivi:kko]
donderdag (de)	torstai	[torstaj]
vrijdag (de)	perjantai	[perjantaj]
zaterdag (de)	lauantai	[lauantaj]
zondag (de)	sunnuntai	[sunnuntaj]
vandaag (bw)	tänään	[tænæ:n]
morgen (bw)	huomenna	[huomenna]
overmorgen (bw)	ylihuomenna	[ylihuomenna]
gisteren (bw)	eilen	[ejlen]
eergisteren (bw)	toissa päivänä	[tojssa pæjuænæ]
dag (de)	päivä	[pæjuæ]
werkdag (de)	työpäivä	[tyø·pæjuæ]
feestdag (de)	juhlapäivä	[juhla·pæjuæ]
verlofdag (de)	vapaapäivä	[uapa:pæjuæ]
weekend (het)	viikonloppu	[ui:kon·loppu]
de hele dag (bw)	koko päivän	[koko pæjuæn]
de volgende dag (bw)	ensi päivänä	[ensi pæjuænæ]
twee dagen geleden	kaksi päivää sitten	[kaksi pæjuæ: sitten]
aan de vooravond (bw)	aattona	[a:ttona]
dag-, dagelijks (bn)	päivittäinen	[pæjuittæjnen]
elke dag (bw)	joka päivä	[joka pæjuæ]
week (de)	viikko	[ui:kko]
vorige week (bw)	viime viikolla	[ui:me ui:kolla]
volgende week (bw)	ensi viikolla	[ensi ui:kolla]
wekelijks (bn)	viikoittainen	[ui:kojttajnen]
elke week (bw)	joka viikko	[joka ui:kko]
twee keer per week	kaksi kertaa viikossa	[kaksi kerta: ui:kossa]
elke dinsdag	joka tiistai	[joka ti:staj]

18. Uren. Dag en nacht

morgen (de)	aamu	[a:mu]
's morgens (bw)	aamulla	[a:mulla]
middag (de)	puolipäivä	[puoli·pæjuæ]
's middags (bw)	iltapäivällä	[ilta·pæjuællæ]
avond (de)	ilta	[ilta]
's avonds (bw)	illalla	[illalla]
nacht (de)	yö	[yø]
's nachts (bw)	yöllä	[yøllæ]
middernacht (de)	puoliyö	[puoli·yø]
seconde (de)	sekunti	[sekunti]
minuut (de)	minuutti	[minu:tti]
uur (het)	tunti	[tunti]

halfuur (het)	puoli tuntia	[puoli tuntia]
kwartier (het)	vartti	[vartti]
vijftien minuten	viisitoista minuuttia	[ʋiːsi·tojsta minuːttia]
etmaal (het)	vuorokausi	[ʋuoro·kausi]

zonsopgang (de)	auringonnousu	[auriŋon·nousu]
dageraad (de)	sarastus	[sarastus]
vroege morgen (de)	varhainen aamu	[ʋarhajnen aːmu]
zonsondergang (de)	auringonlasku	[auriŋon·lasku]

's morgens vroeg (bw)	aamulla aikaisin	[aːmulla ajkajsin]
vanmorgen (bw)	tänä aamuna	[tænæ aːmuna]
morgenochtend (bw)	ensi aamuna	[ensi aːmuna]

vanmiddag (bw)	tänä päivänä	[tænæ pæjʋænæ]
's middags (bw)	iltapäivällä	[ilta·pæjʋællæ]
morgenmiddag (bw)	huomisiltapäivällä	[huomis·ilta·pæjʋællæ]

| vanavond (bw) | tänä iltana | [tænæ iltana] |
| morgenavond (bw) | ensi iltana | [ensi iltana] |

klokslag drie uur	tasan kolmelta	[tasan kolmelta]
ongeveer vier uur	noin neljältä	[nojn neljæltæ]
tegen twaalf uur	kahdentoista mennessä	[kahdentojsta menessæ]

over twintig minuten	kahdenkymmenen minuutin kuluttua	[kahdeŋkymmenen minuːtin kuluttua]
over een uur	tunnin kuluttua	[tunnin kuluttua]
op tijd (bw)	ajoissa	[ajoissa]

kwart voor ...	varttia vaille	[ʋarttia ʋajlle]
binnen een uur	tunnin kuluessa	[tunnin kuluessa]
elk kwartier	viidentoista minuutin välein	[ʋiːden·tojsta minuːtin ʋælejn]
de klok rond	ympäri vuorokauden	[ympæri ʋuoro kauden]

19. Maanden. Seizoenen

januari (de)	tammikuu	[tammikuː]
februari (de)	helmikuu	[helmikuː]
maart (de)	maaliskuu	[maːliskuː]
april (de)	huhtikuu	[huhtikuː]
mei (de)	toukokuu	[toukokuː]
juni (de)	kesäkuu	[kesækuː]

juli (de)	heinäkuu	[hejnækuː]
augustus (de)	elokuu	[elokuː]
september (de)	syyskuu	[syːskuː]
oktober (de)	lokakuu	[lokakuː]
november (de)	marraskuu	[marraskuː]
december (de)	joulukuu	[joulukuː]

| lente (de) | kevät | [keʋæt] |
| in de lente (bw) | keväällä | [keʋæːllæ] |

lente- (abn)	keväinen	[keʋæjnen]
zomer (de)	kesä	[kesæ]
in de zomer (bw)	kesällä	[kesællæ]
zomer-, zomers (bn)	kesäinen	[kesæjnen]
herfst (de)	syksy	[syksy]
in de herfst (bw)	syksyllä	[syksyllæ]
herfst- (abn)	syksyinen	[syksyjnen]
winter (de)	talvi	[talʋi]
in de winter (bw)	talvella	[talʋella]
winter- (abn)	talvinen	[talʋinen]
maand (de)	kuukausi	[ku:kausi]
deze maand (bw)	tässä kuussa	[tæssæ ku:ssa]
volgende maand (bw)	ensi kuussa	[ensi ku:ssa]
vorige maand (bw)	viime kuussa	[ʋi:me ku:ssa]
een maand geleden (bw)	kuukausi sitten	[ku:kausi sitten]
over een maand (bw)	kuukauden kuluttua	[ku:kauden kuluttua]
over twee maanden (bw)	kahden kuukauden kuluttua	[kahden ku:kauden kuluttua]
de hele maand (bw)	koko kuukauden	[koko ku:kauden]
een volle maand (bw)	koko kuukauden	[koko ku:kauden]
maand-, maandelijks (bn)	kuukautinen	[ku:kautinen]
maandelijks (bw)	kuukausittain	[ku:kausittajn]
elke maand (bw)	joka kuukausi	[joka ku:kausi]
twee keer per maand	kaksi kertaa kuukaudessa	[kaksi kerta: ku:kaudessa]
jaar (het)	vuosi	[ʋuosi]
dit jaar (bw)	tänä vuonna	[tænæ ʋuonna]
volgend jaar (bw)	ensi vuonna	[ensi ʋuonna]
vorig jaar (bw)	viime vuonna	[ʋi:me ʋuonna]
een jaar geleden (bw)	vuosi sitten	[ʋuosi sitten]
over een jaar	vuoden kuluttua	[ʋuoden kuluttua]
over twee jaar	kahden vuoden kuluttua	[kahden ʋuoden kuluttua]
het hele jaar	koko vuoden	[koko ʋuoden]
een vol jaar	koko vuoden	[koko ʋuoden]
elk jaar	joka vuosi	[joka ʋuosi]
jaar-, jaarlijks (bn)	vuosittainen	[ʋuosittajnen]
jaarlijks (bw)	vuosittain	[ʋuosittajn]
4 keer per jaar	neljä kertaa vuodessa	[neljæ kerta: ʋuodessa]
datum (de)	päivämäärä	[pæjʋæ·mæ:ræ]
datum (de)	päivämäärä	[pæjʋæ·mæ:ræ]
kalender (de)	kalenteri	[kalenteri]
een half jaar	puoli vuotta	[puoli ʋuotta]
zes maanden	vuosipuolisko	[ʋuosi·puolisko]
seizoen (bijv. lente, zomer)	vuodenaika	[ʋuoden·ajka]
eeuw (de)	vuosisata	[ʋuosi·sata]

20. Tijd. Diversen

tijd (de)	aika	[ajka]
ogenblik (het)	tuokio	[tuokio]
moment (het)	hetki	[hetki]
ogenblikkelijk (bn)	hetkellinen	[hetkellinen]
tijdsbestek (het)	aikaväli	[ajka·ʋæli]
leven (het)	elämä	[elæmæ]
eeuwigheid (de)	ikuisuus	[ikujsu:s]

epoche (de), tijdperk (het)	epookki, aikakausi	[epo:kki], [ajka·kausi]
era (de), tijdperk (het)	ajanjakso	[ajan·jakso]
cyclus (de)	jakso	[jakso]
periode (de)	vaihe	[ʋajhe]
termijn (vastgestelde periode)	määräaika	[mæ:ræ·ajka]

toekomst (de)	tulevaisuus	[tuleʋajsu:s]
toekomstig (bn)	ensi	[ensi]
de volgende keer	ensi kerralla	[ensi kerralla]
verleden (het)	menneisyys	[mennejsy:s]
vorig (bn)	viime	[ʋi:me]
de vorige keer	viimeksi	[ʋi:meksi]

later (bw)	myöhemmin	[myøhemmin]
na (~ het diner)	jälkeenpäin	[jælke:npæjn]
tegenwoordig (bw)	nykyään	[nykyæ:n]
nu (bw)	nyt	[nyt]
onmiddellijk (bw)	heti	[heti]
snel (bw)	kohta	[kohta]
bij voorbaat (bw)	ennakolta	[ennakolta]

lang geleden (bw)	kauan sitten	[kauan sitten]
kort geleden (bw)	äskettäin	[æskettæjn]
noodlot (het)	kohtalo	[kohtalo]
herinneringen (mv.)	muisto	[mujsto]
archief (het)	arkisto	[arkisto]

tijdens ... (ten tijde van)	aikana	[ajkana]
lang (bw)	kauan	[kauan]
niet lang (bw)	vähän aikaa	[ʋæɦæn ajka:]
vroeg (bijv. ~ in de ochtend)	varhain	[ʋarhajn]
laat (bw)	myöhään	[myøhæ:n]

voor altijd (bw)	ainiaaksi	[ajnia:ksi]
beginnen (ww)	aloittaa	[alojtta:]
uitstellen (ww)	siirtää	[si:rtæ:]

tegelijkertijd (bw)	samanaikaisesti	[saman·ajkajsesti]
voortdurend (bw)	alituisesti	[alitujsesti]
voortdurend	jatkuva	[jatkuʋa]
tijdelijk (bn)	väliaikainen	[ʋæli·ajkajnen]

soms (bw)	joskus	[joskus]
zelden (bw)	harvoin	[harʋojn]
vaak (bw)	usein	[usejn]

21. Lijnen en vormen

vierkant (het)	neliö	[neliø]
vierkant (bn)	neliö-, neliömäinen	[neliø], [neliømæjnen]
cirkel (de)	ympyrä	[ympyræ]
rond (bn)	pyöreä	[pyøreæ]
driehoek (de)	kolmio	[kolmio]
driehoekig (bn)	kolmikulmainen	[kolmi·kulmajnen]
ovaal (het)	ovaali, soikio	[oʋa:li], [sojkio]
ovaal (bn)	soikea	[sojkea]
rechthoek (de)	suorakulmio	[suora·kulmio]
rechthoekig (bn)	suorakulmainen	[suorakulmajnen]
piramide (de)	pyramidi	[pyramidi]
ruit (de)	vinoneliö	[ʋino·neliø]
trapezium (het)	trapetsi	[trapetsi]
kubus (de)	kuutio	[ku:tio]
prisma (het)	prisma	[prisma]
omtrek (de)	kehä	[kehæ]
bol, sfeer (de)	pallo	[pallo]
bal (de)	pallo	[pallo]
diameter (de)	halkaisija	[halkajsija]
straal (de)	säde	[sæde]
omtrek (~ van een cirkel)	ympärysmitta	[ympærys·mittæ]
middelpunt (het)	keskus	[keskus]
horizontaal (bn)	vaakasuora	[ʋa:ka·suora]
verticaal (bn)	pystysuora	[pysty·suora]
parallel (de)	suuntainen suora	[su:ntajnen suora]
parallel (bn)	yhdensuuntainen	[yhden·su:ntajnen]
lijn (de)	viiva	[ʋi:ʋa]
streep (de)	viiva, veto	[ʋi:ʋa], [ʋeto]
rechte lijn (de)	suora	[suora]
kromme (de)	käyrä	[kæyræ]
dun (bn)	ohut	[oɦut]
omlijning (de)	ääriviivat	[æ:ri·ʋi:ʋat]
snijpunt (het)	leikkauskohta	[lejkkaus·kohta]
rechte hoek (de)	suora kulma	[suora kulma]
segment (het)	segmentti	[segmentti]
sector (de)	sektori	[sektori]
zijde (de)	sivu	[siʋu]
hoek (de)	kulma	[kulma]

22. Meeteenheden

gewicht (het)	paino	[pajno]
lengte (de)	pituus	[pitu:s]
breedte (de)	leveys	[leʋeys]
hoogte (de)	korkeus	[korkeus]

diepte (de)	syvyys	[syuy:s]
volume (het)	tilavuus	[tilauu:s]
oppervlakte (de)	pinta-ala	[pinta·ala]

gram (het)	gramma	[gramma]
milligram (het)	milligramma	[milligramma]
kilogram (het)	kilo	[kilo]
ton (duizend kilo)	tonni	[tonni]
pond (het)	pauna, naula	[pauna], [naula]
ons (het)	unssi	[unssi]

meter (de)	metri	[metri]
millimeter (de)	millimetri	[millimetri]
centimeter (de)	senttimetri	[senttimetri]
kilometer (de)	kilometri	[kilometri]
mijl (de)	peninkulma	[penin·kulma]

duim (de)	tuuma	[tu:ma]
voet (de)	jalka	[jalka]
yard (de)	jaardi	[ja:rdi]

| vierkante meter (de) | neliömetri | [neliø·metri] |
| hectare (de) | hehtaari | [hehta:ri] |

liter (de)	litra	[litra]
graad (de)	aste	[aste]
volt (de)	voltti	[uoltti]
ampère (de)	ampeeri	[ampe:ri]
paardenkracht (de)	hevosvoima	[heuos·uojma]

hoeveelheid (de)	määrä	[mæ:ræ]
een beetje …	vähän	[uæħæn]
helft (de)	puoli	[puoli]
dozijn (het)	tusina	[tusina]
stuk (het)	kappale	[kappale]

| afmeting (de) | koko | [koko] |
| schaal (bijv. ~ van 1 op 50) | mittakaava | [mitta·ka:ua] |

minimaal (bn)	minimaalinen	[minima:linen]
minste (bn)	pienin	[pienin]
medium (bn)	keskikokoinen	[keskikokojnen]
maximaal (bn)	maksimaalinen	[maksima:linen]
grootste (bn)	suurin	[su:rin]

23. Containers

glazen pot (de)	lasitölkki	[lasi·tølkki]
blik (conserven~)	purkki	[purkki]
emmer (de)	sanko	[saŋko]
ton (bijv. regenton)	tynnyri	[tynnyri]

| ronde waterbak (de) | pesuvati | [pesu·uati] |
| tank (bijv. watertank-70-ltr) | säiliö | [sæjliø] |

heupfles (de)	kenttäpullo	[kenttæ·pullo]
jerrycan (de)	jerrykannu	[jerry·kannu]
tank (bijv. ketelwagen)	säiliö	[sæjliø]
beker (de)	muki	[muki]
kopje (het)	kuppi	[kuppi]
schoteltje (het)	teevati	[te:vati]
glas (het)	juomalasi	[juoma·lasi]
wijnglas (het)	viinilasi	[vi:ni·lasi]
pan (de)	kasari, kattila	[kasari], [kattila]
fles (de)	pullo	[pullo]
flessenhals (de)	pullonkaula	[pulloŋ·kaula]
karaf (de)	karahvi	[karahvi]
kruik (de)	kannu	[kannu]
vat (het)	astia	[astia]
pot (de)	ruukku	[ru:kku]
vaas (de)	vaasi, maljakko	[va:si], [maljakko]
flacon (de)	pullo	[pullo]
flesje (het)	pieni pullo	[pjeni pullo]
tube (bijv. ~ tandpasta)	tuubi	[tu:bi]
zak (bijv. ~ aardappelen)	säkki	[sækki]
tasje (het)	säkki, pussi	[sækki], [pussi]
pakje (~ sigaretten, enz.)	aski	[aski]
doos (de)	laatikko	[la:tikko]
kist (de)	laatikko	[la:tikko]
mand (de)	kori	[kori]

24. Materialen

materiaal (het)	aine	[ajne]
hout (het)	puu	[pu:]
houten (bn)	puinen	[pujnen]
glas (het)	lasi	[lasi]
glazen (bn)	lasi-, lasinen	[lasi], [lasinen]
steen (de)	kivi	[kivi]
stenen (bn)	kivi-, kivinen	[kivi], [kivinen]
plastic (het)	muovi	[muovi]
plastic (bn)	muovi-, muovinen	[muovi], [muovinen]
rubber (het)	kumi	[kumi]
rubber-, rubberen (bn)	kumi-, kuminen	[kumi], [kuminen]
stof (de)	kangas	[kaŋas]
van stof (bn)	kankaasta	[kaŋka:sta]
papier (het)	paperi	[paperi]
papieren (bn)	paperi-, paperinen	[paperi], [paperinen]

karton (het)	pahvi, kartonki	[pɑhʋi], [kɑrtoŋki]
kartonnen (bn)	pahvi-	[pɑhʋi]

polyethyleen (het)	polyetyleeni	[polyetyle:ni]
cellofaan (het)	sellofaani	[sellofɑ:ni]
multiplex (het)	vaneri	[ʋɑneri]

porselein (het)	posliini	[posli:ni]
porseleinen (bn)	posliininen	[posli:ninen]
klei (de)	savi	[sɑʋi]
klei-, van klei (bn)	savi-	[sɑʋi]
keramiek (de)	keramiikka	[kerɑmi:kkɑ]
keramieken (bn)	keraaminen	[kerɑ:minen]

25. Metalen

metaal (het)	metalli	[metɑlli]
metalen (bn)	metallinen	[metɑllinen]
legering (de)	seos	[seos]

goud (het)	kulta	[kultɑ]
gouden (bn)	kultainen	[kultɑjnen]
zilver (het)	hopea	[hopeɑ]
zilveren (bn)	hopeinen	[hopejnen]

ijzer (het)	rauta	[rɑutɑ]
ijzeren	rauta-, rautainen	[rɑutɑ], [rɑutɑjnen]
staal (het)	teräs	[teræs]
stalen (bn)	teräs-, teräksinen	[teræs], [teræksinen]
koper (het)	kupari	[kupɑri]
koperen (bn)	kupari-, kuparinen	[kupɑri-], [kupɑrinen]

aluminium (het)	alumiini	[ɑlumi:ni]
aluminium (bn)	alumiini-	[ɑlumi:ni]
brons (het)	pronssi	[pronssi]
bronzen (bn)	pronssi-, pronssinen	[pronssi], [pronssinen]

messing (het)	messinki	[messiŋki]
nikkel (het)	nikkeli	[nikkeli]
platina (het)	platina	[plɑtinɑ]
kwik (het)	elohopea	[elo·hopeɑ]
tin (het)	tina	[tinɑ]
lood (het)	lyijy	[lyjy]
zink (het)	sinkki	[siŋkki]

33

MENS

Mens. Het lichaam

26. Mensen. Basisbegrippen

mens (de)	ihminen	[ihminen]
man (de)	mies	[mies]
vrouw (de)	nainen	[nɑjnen]
kind (het)	lapsi	[lɑpsi]
meisje (het)	tyttö	[tyttø]
jongen (de)	poika	[pojkɑ]
tiener, adolescent (de)	teini-ikäinen	[tejni·ikæjnen]
oude man (de)	vanhus	[ʋɑnhus]
oude vrouw (de)	eukko	[eukko]

27. Menselijke anatomie

organisme (het)	elimistö	[elimistø]
hart (het)	sydän	[sydæn]
bloed (het)	veri	[ʋeri]
slagader (de)	valtimo	[ʋɑltimo]
ader (de)	laskimo	[lɑskimo]
hersenen (mv.)	aivot	[ɑjʋot]
zenuw (de)	hermo	[hermo]
zenuwen (mv.)	hermot	[hermot]
wervel (de)	nikama	[nikɑmɑ]
ruggengraat (de)	selkäranka	[selkæ·rɑŋkɑ]
maag (de)	mahalaukku	[mɑhɑ·lɑukku]
darmen (mv.)	suolisto	[suolisto]
darm (de)	suoli	[suoli]
lever (de)	maksa	[mɑksɑ]
nier (de)	munuainen	[munuɑjnen]
been (deel van het skelet)	luu	[lu:]
skelet (het)	luuranko	[lu:rɑŋko]
rib (de)	kylkiluu	[kylki·lu:]
schedel (de)	pääkallo	[pæ:kɑllo]
spier (de)	lihas	[lihɑs]
biceps (de)	hauis	[hɑujs]
triceps (de)	ojentaja	[ojentɑjɑ]
pees (de)	jänne	[jænne]
gewricht (het)	nivel	[niʋel]

longen (mv.)	keuhkot	[keuhkot]
geslachtsorganen (mv.)	sukupuolielimet	[sukupuoli·elimet]
huid (de)	iho	[iho]

28. Hoofd

hoofd (het)	pää	[pæ:]
gezicht (het)	kasvot	[kasʋot]
neus (de)	nenä	[nenæ]
mond (de)	suu	[su:]

oog (het)	silmä	[silmæ]
ogen (mv.)	silmät	[silmæt]
pupil (de)	silmäterä	[silmæ·teræ]
wenkbrauw (de)	kulmakarva	[kulma·karʋa]
wimper (de)	ripsi	[ripsi]
ooglid (het)	silmäluomi	[silmæ·luomi]

tong (de)	kieli	[kieli]
tand (de)	hammas	[hammas]
lippen (mv.)	huulet	[hu:let]
jukbeenderen (mv.)	poskipäät	[poski·pæ:t]
tandvlees (het)	ien	[ien]
gehemelte (het)	kitalaki	[kitalaki]

neusgaten (mv.)	sieraimet	[sierajmet]
kin (de)	leuka	[leuka]
kaak (de)	leukaluu	[leuka·lu:]
wang (de)	poski	[poski]

voorhoofd (het)	otsa	[otsa]
slaap (de)	ohimo	[ohimo]
oor (het)	korva	[korʋa]
achterhoofd (het)	niska	[niska]
hals (de)	kaula	[kaula]
keel (de)	kurkku	[kurkku]

haren (mv.)	hiukset	[hiukset]
kapsel (het)	kampaus	[kampaus]
haarsnit (de)	kampaus	[kampaus]
pruik (de)	tekotukka	[teko·tukka]

snor (de)	viikset	[ʋi:kset]
baard (de)	parta	[parta]
dragen (een baard, enz.)	pitää	[pitæ:]
vlecht (de)	letti	[letti]
bakkebaarden (mv.)	poskiparta	[poski·parta]

ros (roodachtig, rossig)	punatukkainen	[puna·tukkajnen]
grijs (~ haar)	harmaa	[harma:]
kaal (bn)	kalju	[kalju]
kale plek (de)	kaljuus	[kalju:s]
paardenstaart (de)	poninhäntä	[ponin·hæntæ]
pony (de)	otsatukka	[otsa·tukka]

29. Menselijk lichaam

hand (de)	**käsi**	[kæsi]
arm (de)	**käsivarsi**	[kæsi·ʋɑrssi]
vinger (de)	**sormi**	[sormi]
teen (de)	**varvas**	[ʋɑrʋɑs]
duim (de)	**peukalo**	[peukɑlo]
pink (de)	**pikkusormi**	[pikku·sormi]
nagel (de)	**kynsi**	[kynsi]
vuist (de)	**nyrkki**	[nyrkki]
handpalm (de)	**kämmen**	[kæmmen]
pols (de)	**ranne**	[rɑnne]
voorarm (de)	**kyynärvarsi**	[ky:nær·ʋɑrsi]
elleboog (de)	**kyynärpää**	[ky:nær·pæ:]
schouder (de)	**hartia**	[hɑrtiɑ]
been (rechter ~)	**jalka**	[jɑlkɑ]
voet (de)	**jalkaterä**	[jɑlkɑ·teræ]
knie (de)	**polvi**	[polʋi]
kuit (de)	**pohje**	[pohje]
heup (de)	**reisi**	[rejsi]
hiel (de)	**kantapää**	[kɑntɑpæ:]
lichaam (het)	**vartalo**	[ʋɑrtɑlo]
buik (de)	**maha**	[mɑɦɑ]
borst (de)	**rinta**	[rintɑ]
borst (de)	**rinnat**	[rinnɑt]
zijde (de)	**kylki**	[kylki]
rug (de)	**selkä**	[selkæ]
lage rug (de)	**ristiselkä**	[risti·selkæ]
taille (de)	**vyötärö**	[ʋyøtærø]
navel (de)	**napa**	[nɑpɑ]
billen (mv.)	**pakarat**	[pɑkɑrɑt]
achterwerk (het)	**takapuoli**	[tɑkɑ·puoli]
huidvlek (de)	**luomi**	[luomi]
moedervlek (de)	**syntymämerkki**	[syntymæ·merkki]
tatoeage (de)	**tatuointi**	[tɑtuojnti]
litteken (het)	**arpi**	[ɑrpi]

Kleding en accessoires

30. Bovenkleding. Jassen

kleren (mv.)	vaatteet	[ʋɑːtteːt]
bovenkleding (de)	päällysvaatteet	[pæːllys·ʋɑːtteːt]
winterkleding (de)	talvivaatteet	[talʋi·ʋɑːtteːt]
jas (de)	takki	[takki]
bontjas (de)	turkki	[turkki]
bontjasje (het)	puoliturkki	[puoli·turkki]
donzen jas (de)	untuvatakki	[untuʋɑ·takki]
jasje (bijv. een leren ~)	takki	[takki]
regenjas (de)	sadetakki	[sade·takki]
waterdicht (bn)	vedenpitävä	[ʋeden·pitæʋæ]

31. Heren & dames kleding

overhemd (het)	paita	[pajta]
broek (de)	housut	[housut]
jeans (de)	farkut	[farkut]
colbert (de)	pikkutakki	[pikku·takki]
kostuum (het)	puku	[puku]
jurk (de)	leninki	[leniŋki]
rok (de)	hame	[hame]
blouse (de)	pusero	[pusero]
wollen vest (de)	villapusero	[ʋilla·pusero]
blazer (kort jasje)	jakku	[jakku]
T-shirt (het)	T-paita	[te·pajta]
shorts (mv.)	shortsit, sortsit	[sortsit]
trainingspak (het)	urheilupuku	[urhejlu·puku]
badjas (de)	kylpytakki	[kylpy·takki]
pyjama (de)	pyjama	[pyjama]
sweater (de)	villapaita	[ʋilla·pajta]
pullover (de)	neulepusero	[neule·pusero]
gilet (het)	liivi	[liːʋi]
rokkostuum (het)	frakki	[frakki]
smoking (de)	smokki	[smokki]
uniform (het)	univormu	[uniʋormu]
werkkleding (de)	työvaatteet	[tyø·ʋɑːtteːt]
overall (de)	haalari	[haːlari]
doktersjas (de)	lääkärintakki	[læːkærin·takki]

32. Kleding. Ondergoed

ondergoed (het)	alusvaatteet	[alus·ʋɑ:tte:t]
herenslip (de)	bokserit	[bokserit]
slipjes (mv.)	pikkuhousut	[pikku·housut]
onderhemd (het)	aluspaita	[alus·pɑjtɑ]
sokken (mv.)	sukat	[sukɑt]
nachthemd (het)	yöpuku	[yøpuku]
beha (de)	rintaliivit	[rinta·li:ʋit]
kniekousen (mv.)	polvisukat	[polʋi·sukɑt]
panty (de)	sukkahousut	[sukkɑ·housut]
nylonkousen (mv.)	sukat	[sukɑt]
badpak (het)	uimapuku	[ujmɑ·puku]

33. Hoofddeksels

hoed (de)	hattu	[hɑttu]
deukhoed (de)	fedora-hattu	[fedora·hɑttu]
honkbalpet (de)	lippalakki	[lippɑ·lɑkki]
kleppet (de)	lakki	[lɑkki]
baret (de)	baskeri	[bɑskeri]
kap (de)	huppu	[huppu]
panamahoed (de)	panamahattu	[panɑma·hɑttu]
gebreide muts (de)	pipo	[pipo]
hoofddoek (de)	huivi	[huiʋi]
dameshoed (de)	naisten hattu	[nɑjsten hɑttu]
veiligheidshelm (de)	suojakypärä	[suoja·kypæræ]
veldmuts (de)	suikka	[suikkɑ]
helm, valhelm (de)	kypärä	[kypæræ]
bolhoed (de)	knalli	[knɑlli]
hoge hoed (de)	silinterihattu	[silinteri·hɑttu]

34. Schoeisel

schoeisel (het)	jalkineet	[jɑlkine:t]
schoenen (mv.)	varsikengät	[ʋɑrsikeŋæt]
vrouwenschoenen (mv.)	naisten kengät	[nɑjsten keŋæt]
laarzen (mv.)	saappaat	[sɑ:ppɑ:t]
pantoffels (mv.)	tossut	[tossut]
sportschoenen (mv.)	lenkkitossut	[leŋkki·tossut]
sneakers (mv.)	lenkkarit	[leŋkkɑrit]
sandalen (mv.)	sandaalit	[sɑndɑ:lit]
schoenlapper (de)	suutari	[su:tɑri]
hiel (de)	korko	[korko]

paar (een ~ schoenen)	pari	[pɑri]
veter (de)	nauha	[nɑuɦɑ]
rijgen (schoenen ~)	sitoa kengännauhat	[sitoɑ keŋænnɑuɦɑt]
schoenlepel (de)	kenkälusikka	[keŋkæ·lusikkɑ]
schoensmeer (de/het)	kenkävoide	[keŋkæ·ʋojde]

35. Textiel. Weefsel

katoen (de/het)	puuvilla	[pu:ʋillɑ]
katoenen (bn)	puuvilla-	[pu:ʋillɑ]
vlas (het)	pellava	[pellɑʋɑ]
vlas-, van vlas (bn)	pellava-	[pellɑʋɑ]

zijde (de)	silkki	[silkki]
zijden (bn)	silkki-, silkkinen	[silkki], [silkkinen]
wol (de)	villa	[ʋillɑ]
wollen (bn)	villa-, villainen	[ʋillɑ], [ʋillɑjnen]

fluweel (het)	sametti	[sɑmetti]
suède (de)	säämiskä	[sæ:miskæ]
ribfluweel (het)	vakosametti	[ʋɑko·sɑmetti]

nylon (de/het)	nailon	[nɑjlon]
nylon-, van nylon (bn)	nailon-	[nɑjlon]
polyester (het)	polyesteri	[polyesteri]
polyester- (abn)	polyesterinen	[polyesterinen]

leer (het)	nahka	[nɑhkɑ]
leren (van leer gemaak)	nahkainen	[nɑhkɑjnen]
bont (het)	turkki, turkis	[turkki], [turkis]
bont- (abn)	turkis-	[turkis]

36. Persoonlijke accessoires

handschoenen (mv.)	käsineet	[kæsine:t]
wanten (mv.)	lapaset	[lɑpɑset]
sjaal (fleece ~)	kaulaliina	[kɑulɑ·li:nɑ]

bril (de)	silmälasit	[silmæ·lɑsit]
brilmontuur (het)	kehys	[keɦys]
paraplu (de)	sateenvarjo	[sɑte:n·ʋɑrjo]
wandelstok (de)	kävelykeppi	[kæʋely·keppi]
haarborstel (de)	hiusharja	[hius·hɑrjɑ]
waaier (de)	viuhka	[ʋiuhkɑ]

das (de)	solmio	[solmio]
strikje (het)	rusetti	[rusetti]
bretels (mv.)	henkselit	[heŋkselit]
zakdoek (de)	nenäliina	[nenæ·li:nɑ]

kam (de)	kampa	[kɑmpɑ]
haarspeldje (het)	hiussolki	[hius·solki]

schuifspeldje (het)	hiusneula	[hius·neula]
gesp (de)	solki	[solki]
broekriem (de)	vyö	[ʊyø]
draagriem (de)	hihna	[hihna]
handtas (de)	laukku	[laukku]
damestas (de)	käsilaukku	[kæsi·laukku]
rugzak (de)	reppu	[reppu]

37. Kleding. Diversen

mode (de)	muoti	[muoti]
de mode (bn)	muodikas	[muodikas]
kledingstilist (de)	mallisuunnittelija	[malli·suːnnittelija]
kraag (de)	kaulus	[kaulus]
zak (de)	tasku	[tasku]
zak- (abn)	tasku-	[tasku]
mouw (de)	hiha	[hiha]
lusje (het)	raksi	[raksi]
gulp (de)	halkio	[halkio]
rits (de)	vetoketju	[ʊeto·ketju]
sluiting (de)	kiinnitin	[kiːnnitin]
knoop (de)	nappi	[nappi]
knoopsgat (het)	napinläpi	[napin·læpi]
losraken (bijv. knopen)	irrota	[irrota]
naaien (kleren, enz.)	ommella	[ommella]
borduren (ww)	kirjoa	[kirjoa]
borduursel (het)	kirjonta	[kirjonta]
naald (de)	neula	[neula]
draad (de)	lanka	[laŋka]
naad (de)	sauma	[sauma]
vies worden (ww)	tahraantua	[tahraːntua]
vlek (de)	tahra	[tahra]
gekreukt raken (ov. kleren)	rypistyä	[rypistyæ]
scheuren (ov.ww.)	repiä	[repiæ]
mot (de)	koi	[koj]

38. Persoonlijke verzorging. Schoonheidsmiddelen

tandpasta (de)	hammastahna	[hammas·tahna]
tandenborstel (de)	hammasharja	[hammas·harja]
tanden poetsen (ww)	harjata hampaita	[harjata hampajta]
scheermes (het)	partahöylä	[parta·høylæ]
scheerschuim (het)	partavaahdoke	[parta·ʊaːhdoke]
zich scheren (ww)	ajaa parta	[ajaː parta]
zeep (de)	saippua	[sajppua]

shampoo (de)	sampoo	[sɑmpoː]
schaar (de)	sakset	[sɑkset]
nagelvijl (de)	kynsiviila	[kynsi·ʋiːlɑ]
nagelknipper (de)	kynsileikkuri	[kynsi·lejkkuri]
pincet (het)	pinsetit	[pinsetit]

cosmetica (mv.)	meikki	[mejkki]
masker (het)	kasvonaamio	[kɑsʋoˑnɑːmio]
manicure (de)	manikyyri	[mɑnikyːri]
manicure doen	hoitaa kynsiä	[hojtɑː kynsiæ]
pedicure (de)	jalkahoito	[jɑlkɑ·hojto]

cosmetica tasje (het)	meikkipussi	[mejkki·pussi]
poeder (de/het)	puuteri	[puːteri]
poederdoos (de)	puuterirasia	[puːteri·rɑsiɑ]
rouge (de)	poskipuna	[poski·punɑ]

parfum (de/het)	parfyymi	[pɑrfyːmi]
eau de toilet (de)	eau de toilette, hajuvesi	[oˑdeˑtuɑlet], [hɑju·ʋesi]
lotion (de)	kasvovesi	[kɑsʋo·ʋesi]
eau de cologne (de)	kölninvesi	[kølnin·ʋesi]

oogschaduw (de)	luomiväri	[luomi·ʋæri]
oogpotlood (het)	rajauskynä	[rɑjɑus·kynæ]
mascara (de)	ripsiväri	[ripsi·ʋæri]

lippenstift (de)	huulipuna	[huːli·punɑ]
nagellak (de)	kynsilakka	[kynsi·lɑkkɑ]
haarlak (de)	hiuslakka	[hius·lɑkkɑ]
deodorant (de)	deodorantti	[deodorɑntti]

crème (de)	voide	[ʋojde]
gezichtscrème (de)	kasvovoide	[kɑsʋo·ʋojde]
handcrème (de)	käsivoide	[kæsi·ʋojde]
antirimpelcrème (de)	ryppyvoide	[ryppy·ʋojde]
dagcrème (de)	päivävoide	[pæjʋæ·ʋojde]
nachtcrème (de)	yövoide	[yø·ʋojde]
dag- (abn)	päivä-	[pæjʋæ]
nacht- (abn)	yö-	[yø]

tampon (de)	tamponi	[tɑmponi]
toiletpapier (het)	vessapaperi	[ʋessɑ·pɑperi]
föhn (de)	hiustenkuivaaja	[hiusteŋ·kujʋɑːjɑ]

39. Juwelen

sieraden (mv.)	korut	[korut]
edel (bijv. ~ stenen)	jalo-	[jɑlo]
keurmerk (het)	tarkastusleimaus	[tɑrkɑstus·lejmɑus]

ring (de)	sormus	[sormus]
trouwring (de)	vihkisormus	[ʋihki·sormus]
armband (de)	rannerengas	[rɑnne·reŋɑs]
oorringen (mv.)	korvakorut	[korʋɑ·korut]

halssnoer (het)	kaulakoru	[kaula·koru]
kroon (de)	kruunu	[kru:nu]
kralen snoer (het)	helmet	[helmet]

diamant (de)	timantti	[timantti]
smaragd (de)	smaragdi	[smaragdi]
robijn (de)	rubiini	[rubi:ni]
saffier (de)	safiiri	[safi:ri]
parel (de)	helmet	[helmet]
barnsteen (de)	meripihka	[meri·pihka]

40. Horloges. Klokken

polshorloge (het)	rannekello	[ranne·kello]
wijzerplaat (de)	kellotaulu	[kello·taulu]
wijzer (de)	osoitin	[osojtin]
metalen horlogeband (de)	metalliranneke	[metalli·ranneke]
horlogebandje (het)	ranneke	[ranneke]

batterij (de)	paristo	[paristo]
leeg zijn (ww)	olla tyhjä	[olla tyhjæ]
batterij vervangen	vaihtaa paristo	[ʋajhta: paristo]
voorlopen (ww)	edistää	[edistæ:]
achterlopen (ww)	jätättää	[ætættæ:]

wandklok (de)	seinäkello	[sejnæ·kello]
zandloper (de)	tiimalasi	[ti:malasi]
zonnewijzer (de)	aurinkokello	[auriŋko·kello]
wekker (de)	herätyskello	[herætys·kello]
horlogemaker (de)	kelloseppä	[kello·seppæ]
repareren (ww)	korjata	[korjata]

Voedsel. Voeding

41. Voedsel

vlees (het)	liha	[liħa]
kip (de)	kana	[kana]
kuiken (het)	kananpoika	[kanan·pojka]
eend (de)	ankka	[aŋkka]
gans (de)	hanhi	[hanhi]
wild (het)	riista	[ri:sta]
kalkoen (de)	kalkkuna	[kalkkuna]
varkensvlees (het)	sianliha	[sian·liħa]
kalfsvlees (het)	vasikanliha	[ʋasikan·liħa]
schapenvlees (het)	lampaanliha	[lampa:n·liħa]
rundvlees (het)	naudanliha	[naudan·liħa]
konijnenvlees (het)	kaniini	[kani:ni]
worst (de)	makkara	[makkara]
saucijs (de)	nakki	[nakki]
spek (het)	pekoni	[pekoni]
ham (de)	kinkku	[kiŋkku]
gerookte achterham (de)	savustettu kinkku	[saʋustettu kiŋkku]
paté (de)	patee	[pate:]
lever (de)	maksa	[maksa]
gehakt (het)	jauheliha	[jauħe·liħa]
tong (de)	kieli	[kieli]
ei (het)	muna	[muna]
eieren (mv.)	munat	[munat]
eiwit (het)	valkuainen	[ʋalku·ajnen]
eigeel (het)	keltuainen	[keltuajnen]
vis (de)	kala	[kala]
zeevruchten (mv.)	meren antimet	[meren antimet]
schaaldieren (mv.)	äyriäiset	[æyriæjset]
kaviaar (de)	kaviaari	[kaʋia:ri]
krab (de)	kuningasrapu	[kuniŋas·rapu]
garnaal (de)	katkarapu	[katkarapu]
oester (de)	osteri	[osteri]
langoest (de)	langusti	[laŋusti]
octopus (de)	meritursas	[meri·tursas]
inktvis (de)	kalmari	[kalmari]
steur (de)	sampi	[sampi]
zalm (de)	lohi	[loħi]
heilbot (de)	pallas	[pallas]
kabeljauw (de)	turska	[turska]

makreel (de)	makrilli	[makrilli]
tonijn (de)	tonnikala	[tonnikala]
paling (de)	ankerias	[aŋkerias]

forel (de)	taimen	[tajmen]
sardine (de)	sardiini	[sardi:ni]
snoek (de)	hauki	[hauki]
haring (de)	silli	[silli]

brood (het)	leipä	[lejpæ]
kaas (de)	juusto	[ju:sto]
suiker (de)	sokeri	[sokeri]
zout (het)	suola	[suola]

rijst (de)	riisi	[ri:si]
pasta (de)	pasta, makaroni	[pasta], [makaroni]
noedels (mv.)	nuudeli	[nu:deli]

boter (de)	voi	[ʋoj]
plantaardige olie (de)	kasviöljy	[kasʋi·øljy]
zonnebloemolie (de)	auringonkukkaöljy	[auriŋon·kukka·øljy]
margarine (de)	margariini	[margari:ni]

| olijven (mv.) | oliivit | [oli:ʋit] |
| olijfolie (de) | oliiviöljy | [oli:ʋi·øljy] |

melk (de)	maito	[majto]
gecondenseerde melk (de)	maitotiiviste	[majto·ti:ʋiste]
yoghurt (de)	jogurtti	[jogurtti]
zure room (de)	hapankerma	[hapan·kerma]
room (de)	kerma	[kerma]

| mayonaise (de) | majoneesi | [majone:si] |
| crème (de) | kreemi | [kre:mi] |

graan (het)	suurimot	[su:rimot]
meel (het), bloem (de)	jauhot	[jauhot]
conserven (mv.)	säilyke	[sæjlyke]

maïsvlokken (mv.)	maissimurot	[majssi·murot]
honing (de)	hunaja	[hunaja]
jam (de)	hillo	[hillo]
kauwgom (de)	purukumi	[puru·kumi]

42. Drankjes

water (het)	vesi	[ʋesi]
drinkwater (het)	juomavesi	[juoma·ʋesi]
mineraalwater (het)	kivennäisvesi	[kiʋennæjs·ʋesi]

zonder gas	ilman hiilihappoa	[ilman hi:li·happoa]
koolzuurhoudend (bn)	hiilihappovettä	[hi:li·happoʋetta]
bruisend (bn)	hiilihappoinen	[hi:li·happojnen]
ijs (het)	jää	[jæ:]

met ijs	jään kanssa	[jæːn kanssa]
alcohol vrij (bn)	alkoholiton	[alkoholiton]
alcohol vrije drank (de)	alkoholiton juoma	[alkoholiton juoma]
frisdrank (de)	virvoitusjuoma	[ʋirʋojtus·juoma]
limonade (de)	limonadi	[limonadi]
alcoholische dranken (mv.)	alkoholijuomat	[alkoholi·juomat]
wijn (de)	viini	[ʋiːni]
witte wijn (de)	valkoviini	[ʋalko·ʋiːni]
rode wijn (de)	punaviini	[puna·ʋiːni]
likeur (de)	likööri	[likøːri]
champagne (de)	samppanja	[samppanja]
vermout (de)	vermutti	[ʋermutti]
whisky (de)	viski	[ʋiski]
wodka (de)	votka, vodka	[ʋotka], [ʋodka]
gin (de)	gini	[gini]
cognac (de)	konjakki	[konjakki]
rum (de)	rommi	[rommi]
koffie (de)	kahvi	[kahʋi]
zwarte koffie (de)	musta kahvi	[musta kahʋi]
koffie (de) met melk	maitokahvi	[majto·kahʋi]
cappuccino (de)	cappuccino	[kaputʃiːno]
oploskoffie (de)	murukahvi	[muru·kahʋi]
melk (de)	maito	[majto]
cocktail (de)	cocktail	[koktejl]
milkshake (de)	pirtelö	[pirtelø]
sap (het)	mehu	[mehu]
tomatensap (het)	tomaattimehu	[tomaːtti·mehu]
sinaasappelsap (het)	appelsiinimehu	[appelsiːni·mehu]
vers geperst sap (het)	tuoremehu	[tuore·mehu]
bier (het)	olut	[olut]
licht bier (het)	vaalea olut	[ʋaːlea olut]
donker bier (het)	tumma olut	[tumma olut]
thee (de)	tee	[teː]
zwarte thee (de)	musta tee	[musta teː]
groene thee (de)	vihreä tee	[ʋihreæ teː]

43. Groenten

groenten (mv.)	vihannekset	[ʋihannekset]
verse kruiden (mv.)	lehtikasvikset	[lehti·kasʋikset]
tomaat (de)	tomaatti	[tomaːtti]
augurk (de)	kurkku	[kurkku]
wortel (de)	porkkana	[porkkana]
aardappel (de)	peruna	[peruna]
ui (de)	sipuli	[sipuli]

knoflook (de)	valkosipuli	[ʋalko·sipuli]
kool (de)	kaali	[kɑːli]
bloemkool (de)	kukkakaali	[kukkɑ·kɑːli]
spruitkool (de)	brysselinkaali	[brysseliŋ·kɑːli]
broccoli (de)	parsakaali	[pɑrsɑ·kɑːli]
rode biet (de)	punajuuri	[punɑ·juːri]
aubergine (de)	munakoiso	[munɑ·kojso]
courgette (de)	kesäkurpitsa	[kesæ·kurpitsɑ]
pompoen (de)	kurpitsa	[kurpitsɑ]
raap (de)	nauris	[nɑuris]
peterselie (de)	persilja	[persiljɑ]
dille (de)	tilli	[tilli]
sla (de)	lehtisalaatti	[lehti·sɑlɑːtti]
selderij (de)	selleri	[selleri]
asperge (de)	parsa	[pɑrsɑ]
spinazie (de)	pinaatti	[pinɑːtti]
erwt (de)	herne	[herne]
bonen (mv.)	pavut	[pɑʋut]
maïs (de)	maissi	[mɑjssi]
nierboon (de)	pavut	[pɑʋut]
peper (de)	paprika	[pɑprikɑ]
radijs (de)	retiisi	[retiːsi]
artisjok (de)	artisokka	[ɑrtisokkɑ]

44. Vruchten. Noten

vrucht (de)	hedelmä	[hedelmæ]
appel (de)	omena	[omenɑ]
peer (de)	päärynä	[pæːrynæ]
citroen (de)	sitruuna	[sitruːnɑ]
sinaasappel (de)	appelsiini	[ɑppelsiːni]
aardbei (de)	mansikka	[mɑnsikkɑ]
mandarijn (de)	mandariini	[mɑndɑriːni]
pruim (de)	luumu	[luːmu]
perzik (de)	persikka	[persikkɑ]
abrikoos (de)	aprikoosi	[ɑprikoːsi]
framboos (de)	vadelma	[ʋɑdelmɑ]
ananas (de)	ananas	[ɑnɑnɑs]
banaan (de)	banaani	[bɑnɑːni]
watermeloen (de)	vesimeloni	[ʋesi·meloni]
druif (de)	viinirypäleet	[ʋiːni·rypæle:t]
zure kers (de)	hapankirsikka	[hɑpɑn·kirsikkɑ]
zoete kers (de)	linnunkirsikka	[linnun·kirsikkɑ]
meloen (de)	meloni	[meloni]
grapefruit (de)	greippi	[grejppi]
avocado (de)	avokado	[ɑʋokado]
papaja (de)	papaija	[pɑpɑijɑ]

46

mango (de)	mango	[maŋo]
granaatappel (de)	granaattiomena	[grana:tti·omena]
rode bes (de)	punaherukka	[puna·herukka]
zwarte bes (de)	mustaherukka	[musta·herukka]
kruisbes (de)	karviainen	[karviajnen]
blauwe bosbes (de)	mustikka	[mustikka]
braambes (de)	karhunvatukka	[karhun·vatukka]
rozijn (de)	rusina	[rusina]
vijg (de)	viikuna	[vi:kuna]
dadel (de)	taateli	[ta:teli]
pinda (de)	maapähkinä	[ma:pæhkinæ]
amandel (de)	manteli	[manteli]
walnoot (de)	saksanpähkinä	[saksan·pæhkinæ]
hazelnoot (de)	hasselpähkinä	[hassel·pæhkinæ]
kokosnoot (de)	kookospähkinä	[ko:kos·pæhkinæ]
pistaches (mv.)	pistaasi	[pista:si]

45. Brood. Snoep

suikerbakkerij (de)	konditoriatuotteet	[konditorja·tuotte:t]
brood (het)	leipä	[lejpæ]
koekje (het)	keksit	[keksit]
chocolade (de)	suklaa	[sukla:]
chocolade- (abn)	suklaa-	[sukla:]
snoepje (het)	karamelli	[karamelli]
cakeje (het)	leivos	[lejvos]
taart (bijv. verjaardags~)	kakku	[kakku]
pastei (de)	piirakka	[pi:rakka]
vulling (de)	täyte	[tæyte]
confituur (de)	hillo	[hillo]
marmelade (de)	marmeladi	[marmeladi]
wafel (de)	vohvelit	[vohvelit]
ijsje (het)	jäätelö	[jæ:telø]
pudding (de)	vanukas	[vanukas]

46. Bereide gerechten

gerecht (het)	ruokalaji	[ruoka·laji]
keuken (bijv. Franse ~)	keittiö	[kejttiø]
recept (het)	resepti	[resepti]
portie (de)	annos	[annos]
salade (de)	salaatti	[sala:tti]
soep (de)	keitto	[kejtto]
bouillon (de)	liemi	[liemi]
boterham (de)	voileipä	[voj·lejpæ]

spiegelei (het)	paistettu muna	[pɑjstettu munɑ]
hamburger (de)	hampurilainen	[hampurilɑjnen]
biefstuk (de)	pihvi	[pihui]

garnering (de)	lisäke	[lisæke]
spaghetti (de)	spagetti	[spɑgetti]
aardappelpuree (de)	perunasose	[peruna·sose]
pizza (de)	pizza	[pitsɑ]
pap (de)	puuro	[pu:ro]
omelet (de)	munakas	[munɑkɑs]

gekookt (in water)	keitetty	[kejtetty]
gerookt (bn)	savustettu	[sɑuustettu]
gebakken (bn)	paistettu	[pɑjstettu]
gedroogd (bn)	kuivattu	[kujuɑttu]
diepvries (bn)	jäädytetty	[jæ:dytetty]
gemarineerd (bn)	säilötty	[sæjløtty]

zoet (bn)	makea	[mɑkeɑ]
gezouten (bn)	suolainen	[suolɑjnen]
koud (bn)	kylmä	[kylmæ]
heet (bn)	kuuma	[ku:mɑ]
bitter (bn)	karvas	[kɑruɑs]
lekker (bn)	maukas	[mɑukɑs]

koken (in kokend water)	keittää	[kejttæ:]
bereiden (avondmaaltijd ~)	laittaa ruokaa	[lɑjttɑ: ruokɑ:]
bakken (ww)	paistaa	[pɑjstɑ:]
opwarmen (ww)	lämmittää	[læmmittæ:]

zouten (ww)	suolata	[suolɑtɑ]
peperen (ww)	pippuroida	[pippurojdɑ]
raspen (ww)	raastaa	[rɑ:stɑ:]
schil (de)	kuori	[kuori]
schillen (ww)	kuoria	[kuoriɑ]

47. Kruiden

zout (het)	suola	[suolɑ]
gezouten (bn)	suolainen	[suolɑjnen]
zouten (ww)	suolata	[suolɑtɑ]

zwarte peper (de)	musta pippuri	[mustɑ pippuri]
rode peper (de)	kuuma pippuri	[ku:mɑ pippuri]
mosterd (de)	sinappi	[sinɑppi]
mierikswortel (de)	piparjuuri	[pipɑr·ju:ri]

condiment (het)	höyste	[høyste]
specerij, kruiderij (de)	mauste	[mɑuste]
saus (de)	kastike	[kɑstike]
azijn (de)	etikka	[etikkɑ]

| anijs (de) | anis | [ɑnis] |
| basilicum (de) | basilika | [bɑsilikɑ] |

kruidnagel (de)	neilikka	[nejlikka]
gember (de)	inkivääri	[iŋkiuæ:ri]
koriander (de)	korianteri	[korianteri]
kaneel (de/het)	kaneli	[kaneli]
sesamzaad (het)	seesami	[se:sami]
laurierblad (het)	laakerinlehti	[la:kerin·lehti]
paprika (de)	paprika	[paprika]
komijn (de)	kumina	[kumina]
saffraan (de)	sahrami	[sahrami]

48. Maaltijden

eten (het)	ruoka	[ruoka]
eten (ww)	syödä	[syødæ]
ontbijt (het)	aamiainen	[a:miajnen]
ontbijten (ww)	syödä aamiaista	[syødæ a:miajsta]
lunch (de)	lounas	[lounas]
lunchen (ww)	syödä lounasta	[syødæ lounasta]
avondeten (het)	illallinen	[illallinen]
souperen (ww)	syödä illallista	[syødæ illallista]
eetlust (de)	ruokahalu	[ruoka·halu]
Eet smakelijk!	Hyvää ruokahalua!	[hyuæ: ruokaȟalua]
openen (een fles ~)	avata	[auata]
morsen (koffie, enz.)	läikyttää	[læjkyttæ:]
zijn gemorst	läikkyä	[læjkkyæ]
koken (water kookt bij 100°C)	kiehua	[kieȟua]
koken (Hoe om water te ~)	keittää	[kejttæ:]
gekookt (~ water)	keitetty	[kejtetty]
afkoelen (koeler maken)	jäähdyttää	[jæ:hdyttæ:]
afkoelen (koeler worden)	jäähtyä	[jæ:htyæ]
smaak (de)	maku	[maku]
nasmaak (de)	sivumaku	[siuu·maku]
volgen een dieet	olla dieetillä	[olla die:tilæ]
dieet (het)	dieetti	[die:ti]
vitamine (de)	vitamiini	[uitami:ni]
calorie (de)	kalori	[kalori]
vegetariër (de)	kasvissyöjä	[kasuissyøjæ]
vegetarisch (bn)	kasvis-	[kasuis]
vetten (mv.)	rasvat	[rasuat]
eiwitten (mv.)	proteiinit	[protei:nit]
koolhydraten (mv.)	hiilihydraatit	[hi:li·hydra:tit]
snede (de)	viipale	[ui:pale]
stuk (bijv. een ~ taart)	pala, viipale	[pala], [ui:pale]
kruimel (de)	muru	[muru]

49. Tafelschikking

lepel (de)	lusikka	[lusikka]
mes (het)	veitsi	[uejtsi]
vork (de)	haarukka	[ha:rukka]
kopje (het)	kuppi	[kuppi]
bord (het)	lautanen	[lautanen]
schoteltje (het)	teevati	[te:uati]
servet (het)	lautasliina	[lautas·li:na]
tandenstoker (de)	hammastikku	[hammas·tikku]

50. Restaurant

restaurant (het)	ravintola	[rauintola]
koffiehuis (het)	kahvila	[kahuila]
bar (de)	baari	[ba:ri]
tearoom (de)	teehuone	[te:huone]
kelner, ober (de)	tarjoilija	[tarjoilija]
serveerster (de)	tarjoilijatar	[tarjoilijatar]
barman (de)	baarimestari	[ba:ri·mestari]
menu (het)	ruokalista	[ruoka·lista]
wijnkaart (de)	viinilista	[ui:ni·lista]
een tafel reserveren	varata pöytä	[uarata pøytæ]
gerecht (het)	ruokalaji	[ruoka·laji]
bestellen (eten ~)	tilata	[tilata]
een bestelling maken	tilata	[tilata]
aperitief (de/het)	aperitiivi	[aperiti:ui]
voorgerecht (het)	alkupala	[alku·pala]
dessert (het)	jälkiruoka	[jælki·ruoka]
rekening (de)	lasku	[lasku]
de rekening betalen	maksaa lasku	[maksa: lasku]
wisselgeld teruggeven	antaa vaihtorahaa	[anta: uajhtoraha:]
fooi (de)	juomaraha	[juoma·raha]

Familie, verwanten en vrienden

51. Persoonlijke informatie. Formulieren

naam (de)	nimi	[nimi]
achternaam (de)	sukunimi	[suku·nimi]
geboortedatum (de)	syntymäpäivä	[syntymæ·pæjʋæ]
geboorteplaats (de)	syntymäpaikka	[syntymæ·pajkka]
nationaliteit (de)	kansallisuus	[kansallisu:s]
woonplaats (de)	asuinpaikka	[asujn·pajkka]
land (het)	maa	[ma:]
beroep (het)	ammatti	[ammatti]
geslacht (ov. het vrouwelijk ~)	sukupuoli	[suku·puoli]
lengte (de)	pituus	[pitu:s]
gewicht (het)	paino	[pajno]

52. Familieleden. Verwanten

moeder (de)	äiti	[æjti]
vader (de)	isä	[isæ]
zoon (de)	poika	[pojka]
dochter (de)	tytär	[tytær]
jongste dochter (de)	nuorempi tytär	[nuorempi tytær]
jongste zoon (de)	nuorempi poika	[nuorempi pojka]
oudste dochter (de)	vanhempi tytär	[ʋanhempi tytær]
oudste zoon (de)	vanhempi poika	[ʋanhempi pojka]
broer (de)	veli	[ʋeli]
oudere broer (de)	vanhempi veli	[ʋanhempi ʋeli]
jongere broer (de)	nuorempi veli	[nuorempi ʋeli]
zuster (de)	sisar	[sisar]
oudere zuster (de)	vanhempi sisar	[ʋanhempi sisar]
jongere zuster (de)	nuorempi sisar	[nuorempi sisar]
neef (zoon van oom, tante)	serkku	[serkku]
nicht (dochter van oom, tante)	serkku	[serkku]
mama (de)	äiti	[æjti]
papa (de)	isä	[isæ]
ouders (mv.)	vanhemmat	[ʋanhemmat]
kind (het)	lapsi	[lapsi]
kinderen (mv.)	lapset	[lapset]
oma (de)	isoäiti	[iso·æjti]
opa (de)	isoisä	[iso·isæ]

kleinzoon (de)	lapsenlapsi	[lapsen·lapsi]
kleindochter (de)	lapsenlapsi	[lapsen·lapsi]
kleinkinderen (mv.)	lastenlapset	[lasten·lapset]

oom (de)	setä	[setæ]
tante (de)	täti	[tæti]
neef (zoon van broer, zus)	veljenpoika	[veljen·pojka]
nicht (dochter van broer, zus)	sisarenpoika	[sisaren·pojka]

schoonmoeder (de)	anoppi	[anoppi]
schoonvader (de)	appi	[appi]
schoonzoon (de)	vävy	[væuy]
stiefmoeder (de)	äitipuoli	[æjti·puoli]
stiefvader (de)	isäpuoli	[isæ·puoli]

zuigeling (de)	rintalapsi	[rinta·lapsi]
wiegenkind (het)	vauva	[vauva]
kleuter (de)	lapsi, pienokainen	[lapsi], [pienokajnen]

vrouw (de)	vaimo	[vajmo]
man (de)	mies	[mies]
echtgenoot (de)	aviomies	[aviomies]
echtgenote (de)	aviovaimo	[aviovajmo]

gehuwd (mann.)	naimisissa	[najmisissa]
gehuwd (vrouw.)	naimisissa	[najmisissa]
ongehuwd (mann.)	naimaton	[najmaton]
vrijgezel (de)	poikamies	[pojkamies]
gescheiden (bn)	eronnut	[eronnut]
weduwe (de)	leski	[leski]
weduwnaar (de)	leski	[leski]

familielid (het)	sukulainen	[sukulajnen]
dichte familielid (het)	lähisukulainen	[læfii·sukulajnen]
verre familielid (het)	kaukainen sukulainen	[kaukajnen sukulajnen]
familieleden (mv.)	sukulaiset	[sukulajset]

wees (de), weeskind (het)	orpo	[orpo]
voogd (de)	holhooja	[holho:ja]
adopteren (een jongen te ~)	adoptoida	[adoptojda]
adopteren (een meisje te ~)	adoptoida	[adoptojda]

53. Vrienden. Collega's

vriend (de)	ystävä	[ystæuæ]
vriendin (de)	ystävätär	[ystæuætær]
vriendschap (de)	ystävyys	[ystæuy:s]
bevriend zijn (ww)	olla ystäviä	[olla ystæuiæ]

makker (de)	kaveri	[kaveri]
vriendin (de)	kaveri	[kaveri]
partner (de)	partneri	[partneri]
chef (de)	esimies	[esimies]
baas (de)	päällikkö	[pæ:llikkø]

eigenaar (de)	omistaja	[omistaja]
ondergeschikte (de)	alainen	[alajnen]
collega (de)	virkatoveri	[ʋirka·toʋeri]

kennis (de)	tuttava	[tuttaʋa]
medereiziger (de)	matkakumppani	[matka·kumppani]
klasgenoot (de)	luokkatoveri	[luokka·toʋeri]

buurman (de)	naapuri	[na:puri]
buurvrouw (de)	naapuri	[na:puri]
buren (mv.)	naapurit	[na:purit]

54. Man. Vrouw

vrouw (de)	nainen	[najnen]
meisje (het)	neiti	[nejti]
bruid (de)	morsian	[morsian]

mooi(e) (vrouw, meisje)	kaunis	[kaunis]
groot, grote (vrouw, meisje)	pitkä	[pitkæ]
slank(e) (vrouw, meisje)	solakka	[solakka]
korte, kleine (vrouw, meisje)	pienikokoinen	[pieni·kokojnen]

blondine (de)	vaaleaverikkö	[ʋa:lea·ʋerikkø]
brunette (de)	tummaverikkö	[tumma·ʋerikkø]

dames- (abn)	nais-	[najs]
maagd (de)	neitsyt	[nejtsyt]
zwanger (bn)	raskaana oleva	[raska:na oleʋa]

man (de)	mies	[mies]
blonde man (de)	vaaleaverinen mies	[ʋa:lea·ʋerinen mies]
bruinharige man (de)	tummaverinen mies	[tumma·ʋerinen mies]
groot (bn)	pitkä	[pitkæ]
klein (bn)	pienikokoinen	[pieni·kokojnen]

onbeleefd (bn)	karkea	[karkea]
gedrongen (bn)	tanakka	[tanakka]
robuust (bn)	tukeva	[tukeʋa]
sterk (bn)	voimakas	[ʋojmakas]
sterkte (de)	voima	[ʋojma]

mollig (bn)	lihava	[lihaʋa]
getaand (bn)	tummaihoinen	[tummajhojnen]
slank (bn)	solakka	[solakka]
elegant (bn)	tyylikäs	[ty:likæs]

55. Leeftijd

leeftijd (de)	ikä	[ikæ]
jeugd (de)	nuoruus	[nuoru:s]
jong (bn)	nuori	[nuori]

| jonger (bn) | nuorempi | [nuorempi] |
| ouder (bn) | vanhempi | [uanhempi] |

jongen (de)	nuorukainen	[nuorukajnen]
tiener, adolescent (de)	teini-ikäinen	[tejni·ikæjnen]
kerel (de)	nuorimies	[nuorimies]

| oude man (de) | vanhus | [uanhus] |
| oude vrouw (de) | eukko | [eukko] |

volwassen (bn)	aikuinen	[ajkujnen]
van middelbare leeftijd (bn)	keski-ikäinen	[keski·ikæjnen]
bejaard (bn)	iäkäs	[jækæs]
oud (bn)	vanha	[uanha]

pensioen (het)	eläke	[elæke]
met pensioen gaan	jäädä eläkkeelle	[jæ:dæ elække:lle]
gepensioneerde (de)	eläkeläinen	[elækelæjnen]

56. Kinderen

kind (het)	lapsi	[lapsi]
kinderen (mv.)	lapset	[lapset]
tweeling (de)	kaksoset	[kaksoset]

wieg (de)	kätkyt, kehto	[kætkyt], [kehto]
rammelaar (de)	helistin	[helistin]
luier (de)	vaippa	[uajppa]

speen (de)	tutti	[tutti]
kinderwagen (de)	lastenvaunut	[lasten·uaunut]
kleuterschool (de)	lastentarha	[lasten·tarha]
babysitter (de)	lastenhoitaja	[lasten·hojtaja]

kindertijd (de)	lapsuus	[lapsu:s]
pop (de)	nukke	[nukke]
speelgoed (het)	lelu	[lelu]
bouwspeelgoed (het)	rakennussarja	[rakennus·sarja]

welopgevoed (bn)	hyvin kasvatettu	[hyuin kasuatettu]
onopgevoed (bn)	huonosti kasvatettu	[huonosti kasuatettu]
verwend (bn)	lellitelty	[lellitelty]

stout zijn (ww)	peuhata	[peuhata]
stout (bn)	vallaton	[uallaton]
stoutheid (de)	vallattomuus	[uallattomu:s]
stouterd (de)	vallaton poika	[uallaton pojka]

| gehoorzaam (bn) | tottelevainen | [totteleuajnen] |
| ongehoorzaam (bn) | tottelematon | [tottelematon] |

braaf (bn)	järkevä	[jærkeuæ]
slim (verstandig)	älykäs	[ælykæs]
wonderkind (het)	ihmelapsi	[ihme·lapsi]

57. Gehuwde paren. Gezinsleven

kussen (een kus geven)	suudella	[su:della]
elkaar kussen (ww)	suudella	[su:della]
gezin (het)	perhe	[perhe]
gezins- (abn)	perheellinen	[perhe:llinen]
paar (het)	pariskunta	[paris·kunta]
huwelijk (het)	avioliitto	[avio·li:tto]
thuis (het)	kotiliesi	[koti·liesi]
dynastie (de)	hallitsijasuku	[hallitsija·suku]

date (de)	treffit	[treffit]
zoen (de)	suudelma	[su:delma]

liefde (de)	rakkaus	[rakkaus]
liefhebben (ww)	rakastaa	[rakasta:]
geliefde (bn)	rakas	[rakas]

tederheid (de)	hellyys	[helly:s]
teder (bn)	hellä	[hellæ]
trouw (de)	uskollisuus	[uskollisu:s]
trouw (bn)	uskollinen	[uskollinen]
zorg (bijv. bejaarden~)	huoli	[huoli]
zorgzaam (bn)	huolehtivainen	[huolehtivajnen]

jonggehuwden (mv.)	nuoripari	[nuori·pari]
wittebroodsweken (mv.)	kuherruskuukausi	[kuherrus·ku:kausi]
trouwen (vrouw)	mennä naimisiin	[mennæ najmisi:n]
trouwen (man)	mennä naimisiin	[mennæ najmisi:n]

bruiloft (de)	häät	[hæ:t]
gouden bruiloft (de)	kultahäät	[kulta·hæ:t]
verjaardag (de)	vuosipäivä	[vuosi·pæjvæ]

minnaar (de)	rakastaja	[rakastaja]
minnares (de)	rakastajatar	[rakastajatar]

overspel (het)	petos	[petos]
overspel plegen (ww)	pettää	[pettæ:]
jaloers (bn)	mustasukkainen	[musta·sukkajnen]
jaloers zijn (echtgenoot, enz.)	olla mustasukkainen	[olla musta·sukkajnen]
echtscheiding (de)	avioero	[avio·ero]
scheiden (ww)	erota	[erota]

ruzie hebben (ww)	riidellä	[ri:dellæ]
vrede sluiten (ww)	tehdä sovinto	[tehdæ sovinto]
samen (bw)	yhdessä	[yhdessæ]
seks (de)	seksi	[seksi]

geluk (het)	onni	[onni]
gelukkig (bn)	onnellinen	[onnellinen]
ongeluk (het)	epäonni	[epæonni]
ongelukkig (bn)	onneton	[onneton]

Karakter. Gevoelens. Emoties

58. Gevoelens. Emoties

gevoel (het)	tunne	[tunne]
gevoelens (mv.)	tunteet	[tunte:t]
voelen (ww)	tuntea	[tuntea]
honger (de)	nälkä	[nælkæ]
honger hebben (ww)	olla nälkä	[olla nælkæ]
dorst (de)	jano	[jano]
dorst hebben	olla jano	[olla jano]
slaperigheid (de)	uneliaisuus	[uneliajsu:s]
willen slapen	haluta nukkua	[haluta nukkua]
moeheid (de)	väsymys	[υæsymys]
moe (bn)	väsynyt	[υæsynyt]
vermoeid raken (ww)	väsyä	[υæsyæ]
stemming (de)	mieliala	[mieliala]
verveling (de)	tylsyys	[tylsy:s]
zich vervelen (ww)	pitkästyä	[pitkæstyæ]
afzondering (de)	yksinäisyys	[yksinæjsy:s]
zich afzonderen (ww)	eristäytyä	[eristæytyæ]
bezorgd maken	huolestuttaa	[huolestutta:]
bezorgd zijn (ww)	huolestua	[huolestua]
zorg (bijv. geld~en)	huoli	[huoli]
ongerustheid (de)	huolestus	[huolestus]
ongerust (bn)	huolestunut	[huolestunut]
zenuwachtig zijn (ww)	hermostua	[hermostua]
in paniek raken	panikoida	[panikojda]
hoop (de)	toivo	[tojυo]
hopen (ww)	toivoa	[tojυoa]
zekerheid (de)	varmuus	[υarmu:s]
zeker (bn)	varma	[υarma]
onzekerheid (de)	epävarmuus	[epæυarmu:s]
onzeker (bn)	epävarma	[epæυarma]
dronken (bn)	juopunut	[juopunut]
nuchter (bn)	selvä	[selυæ]
zwak (bn)	heikko	[hejkko]
gelukkig (bn)	onnellinen	[onnellinen]
doen schrikken (ww)	pelottaa	[pelotta:]
toorn (de)	raivo	[rajυo]
woede (de)	raivo	[rajυo]
depressie (de)	masennus	[masennus]
ongemak (het)	epämukavuus	[epæ·mukaυu:s]

gemak, comfort (het)	mukavuus	[mukaʋu:s]
spijt hebben (ww)	katua	[katua]
spijt (de)	katumus	[katumus]
pech (de)	huono onni	[huono onni]
bedroefdheid (de)	mielipaha	[mieli·paha]
schaamte (de)	häpeä	[hæpeæ]
pret (de), plezier (het)	iloisuus	[ilojsu:s]
enthousiasme (het)	into	[into]
enthousiasteling (de)	intoilija	[intojlija]
enthousiasme vertonen	osoittaa innostus	[osojtta: innostus]

59. Karakter. Persoonlijkheid

karakter (het)	luonne	[luonne]
karakterfout (de)	luonteen heikkous	[luonte:n heikkous]
rede (de), verstand (het)	järki	[jærki]
geweten (het)	omatunto	[omatunto]
gewoonte (de)	tottumus	[tottumus]
bekwaamheid (de)	kyky	[kyky]
kunnen (bijv., ~ zwemmen)	osata	[osata]
geduldig (bn)	kärsivällinen	[kærsiʋællinen]
ongeduldig (bn)	kärsimätön	[kærsimætøn]
nieuwsgierig (bn)	utelias	[utelias]
nieuwsgierigheid (de)	uteliaisuus	[uteliajsu:s]
bescheidenheid (de)	vaatimattomuus	[ʋɑ:timattomu:s]
bescheiden (bn)	vaatimaton	[ʋɑ:timaton]
onbescheiden (bn)	epähieno	[epæhieno]
luiheid (de)	laiskuus	[lajsku:s]
lui (bn)	laiska	[lajska]
luiwammes (de)	laiskuri	[lajskuri]
sluwheid (de)	viekkaus	[ʋiekkaus]
sluw (bn)	viekas	[ʋiekas]
wantrouwen (het)	epäluottamus	[epæluottamus]
wantrouwig (bn)	epäluuloinen	[epælu:lojnen]
gulheid (de)	anteliaisuus	[anteliajsu:s]
gul (bn)	antelias	[antelias]
talentrijk (bn)	lahjakas	[lahjakas]
talent (het)	lahja	[lahja]
moedig (bn)	rohkea	[rohkea]
moed (de)	rohkeus	[rohkeus]
eerlijk (bn)	rehellinen	[rehellinen]
eerlijkheid (de)	rehellisyys	[rehellisy:s]
voorzichtig (bn)	varovainen	[ʋaroʋajnen]
manhaftig (bn)	uljas	[uljas]
ernstig (bn)	vakava	[ʋakaʋa]

streng (bn)	ankara	[aŋkara]
resoluut (bn)	päättäväinen	[pæ:ttæʋæjnen]
onzeker, irresoluut (bn)	epävarma	[epæʋarma]
schuchter (bn)	arka	[arka]
schuchterheid (de)	arkuus	[arku:s]

vertrouwen (het)	luottamus	[luottamus]
vertrouwen (ww)	uskoa	[uskoa]
goedgelovig (bn)	luottavainen	[luottaʋajnen]

oprecht (bw)	vilpittömästi	[ʋilpittømæsti]
oprecht (bn)	vilpitön	[ʋilpitøn]
oprechtheid (de)	vilpittömyys	[ʋilpittømy:s]
open (bn)	avoin	[aʋojn]

rustig (bn)	hiljainen	[hiljainen]
openhartig (bn)	avomielinen	[aʋomielinen]
naïef (bn)	naiivi	[nai:ʋi]
verstrooid (bn)	hajamielinen	[hajamielinen]
leuk, grappig (bn)	hauska	[hauska]

gierigheid (de)	ahneus	[ahneus]
gierig (bn)	ahne	[ahne]
inhalig (bn)	kitsas	[kitsas]
kwaad (bn)	vihainen	[ʋihajnen]
koppig (bn)	itsepäinen	[itsepæjnen]
onaangenaam (bn)	epämiellyttävä	[epæmiellyttæʋæ]

egoïst (de)	egoisti	[egoisti]
egoïstisch (bn)	egoistinen	[egoistinen]
lafaard (de)	pelkuri	[pelkuri]
laf (bn)	pelkurimainen	[pelkurimajnen]

60. Slaap. Dromen

slapen (ww)	nukkua	[nukkua]
slaap (in ~ vallen)	uni	[uni]
droom (de)	uni	[uni]
dromen (in de slaap)	nähdä unta	[næhdæ unta]
slaperig (bn)	uninen	[uninen]

bed (het)	sänky	[sæŋky]
matras (de)	patja	[patja]
deken (de)	peitto, täkki	[pejte], [tækki]
kussen (het)	tyyny	[ty:ny]
laken (het)	lakana	[lakana]

slapeloosheid (de)	unettomuus	[unettomu:s]
slapeloos (bn)	uneton	[uneton]
slaapmiddel (het)	unilääke	[uni·læ:ke]
slaapmiddel innemen	ottaa unilääke	[otta: unilæ:ke]

willen slapen	haluta nukkua	[haluta nukkua]
geeuwen (ww)	haukotella	[haukotella]

gaan slapen	mennä nukkumaan	[mennæ nukkuma:n]
het bed opmaken	sijata	[sijata]
inslapen (ww)	nukahtaa	[nukahta:]

nachtmerrie (de)	painajainen	[pajnajainen]
gesnurk (het)	kuorsaus	[kuorsaus]
snurken (ww)	kuorsata	[kuorsata]

wekker (de)	herätyskello	[herætys·kello]
wekken (ww)	herättää	[heræettæ:]
wakker worden (ww)	herätä	[herætæ]
opstaan (ww)	nousta	[nousta]
zich wassen (ww)	pestä kasvot	[pestæ kasuot]

61. Humor. Gelach. Blijdschap

humor (de)	huumori	[hu:mori]
gevoel (het) voor humor	huumorintaju	[hu:morin·taju]
plezier hebben (ww)	pitää hauskaa	[pitæ: hauska:]
vrolijk (bn)	iloinen	[ilojnen]
pret (de), plezier (het)	ilo, hilpeys	[ilo], [hilpeys]

glimlach (de)	hymy	[hymy]
glimlachen (ww)	hymyillä	[hymyjllæ]
beginnen te lachen (ww)	alkaa nauraa	[alka: naura:]
lachen (ww)	nauraa	[naura:]
lach (de)	nauru	[nauru]

mop (de)	anekdootti	[anekdo:tti]
grappig (een ~ verhaal)	hauska	[hauska]
grappig (~e clown)	lystikäs	[lystikæs]

grappen maken (ww)	vitsailla	[uitsajlla]
grap (de)	vitsi	[uitsi]
blijheid (de)	ilo	[ilo]
blij zijn (ww)	iloita	[ilojta]
blij (bn)	iloinen	[ilojnen]

62. Discussie, conversatie. Deel 1

communicatie (de)	viestintä	[uiestintæ]
communiceren (ww)	kommunikoida	[kommunikojda]

conversatie (de)	keskustelu	[keskustelu]
dialoog (de)	dialogi	[dialogi]
discussie (de)	keskustelu	[keskustelu]
debat (het)	väittely	[uæjttely]
debatteren, twisten (ww)	väitellä	[uæjtellæ]

gesprekspartner (de)	keskustelija	[keskustelija]
thema (het)	teema	[te:ma]
standpunt (het)	näkökanta	[nækø·kanta]

| mening (de) | mielipide | [mielipide] |
| toespraak (de) | puhe | [puhe] |

bespreking (de)	käsittely	[kæsittely]
bespreken (spreken over)	käsitellä	[kæsitellæ]
gesprek (het)	keskustelu	[keskustelu]
spreken (converseren)	keskustella	[keskustella]
ontmoeting (de)	tapaaminen	[tapa:minen]
ontmoeten (ww)	tavata	[tavata]

spreekwoord (het)	sananlasku	[sanan·lasku]
gezegde (het)	sananparsi	[sanan·parsi]
raadsel (het)	arvoitus	[arvojtus]
een raadsel opgeven	asettaa arvoitus	[asetta: arvojtus]
wachtwoord (het)	tunnussana	[tunnus·sana]
geheim (het)	salaisuus	[salajsu:s]

eed (de)	vala	[vala]
zweren (een eed doen)	vannoa	[vannoa]
belofte (de)	lupaus	[lupaus]
beloven (ww)	luvata	[luvata]

advies (het)	neuvo	[neuvo]
adviseren (ww)	neuvoa	[neuvoa]
luisteren (gehoorzamen)	totella	[totella]

nieuws (het)	uutinen	[u:tinen]
sensatie (de)	sensaatio	[sensa:tio]
informatie (de)	tiedot	[tiedot]
conclusie (de)	johtopäätös	[johto·pæ:tøs]
stem (de)	ääni	[æ:ni]
compliment (het)	kohteliaisuus	[kohteliajsu:s]
vriendelijk (bn)	ystävällinen	[ystæuællinen]

woord (het)	sana	[sana]
zin (de), zinsdeel (het)	lause	[lause]
antwoord (het)	vastaus	[vastaus]

| waarheid (de) | tosi | [tosi] |
| leugen (de) | vale | [vale] |

gedachte (de)	ajatus	[ajatus]
idee (de/het)	idea	[idea]
fantasie (de)	fantasia	[fantasia]

63. Discussie, conversatie. Deel 2

gerespecteerd (bn)	kunnioitettava	[kunniojtettava]
respecteren (ww)	kunnioittaa	[kunniojtta:]
respect (het)	kunnioitus	[kunniojtus]
Geachte ... (brief)	Arvoisa ...	[arvojsa]

| voorstellen (Mag ik jullie ~) | tutustuttaa | [tutustutta:] |
| intentie (de) | aikomus | [ajkomus] |

intentie hebben (ww)	aikoa	[ɑjkoɑ]
wens (de)	toivomus	[tojʋomus]
wensen (ww)	toivottaa	[tojʋottɑ:]

verbazing (de)	ihmettely, ihmetys	[ihmettely], [ihmetys]
verbazen (verwonderen)	ihmetyttää	[ihmetyttæ:]
verbaasd zijn (ww)	ihmetellä	[ihmetellæ]

geven (ww)	antaa	[ɑntɑ:]
nemen (ww)	ottaa	[ottɑ:]
teruggeven (ww)	palauttaa	[pɑlɑuttɑ:]
retourneren (ww)	palauttaa	[pɑlɑuttɑ:]

zich verontschuldigen	pyytää anteeksi	[py:tæ: ɑnte:ksi]
verontschuldiging (de)	anteeksipyyntö	[ɑnte:ksi·py:ntø]
vergeven (ww)	antaa anteeksi	[ɑntɑ: ɑnte:ksi]

spreken (ww)	puhua	[puhuɑ]
luisteren (ww)	kuunnella	[ku:nnellɑ]
aanhoren (ww)	kuunnella loppuun	[ku:nnellɑ loppu:n]
begrijpen (ww)	ymmärtää	[ymmærtæ:]
tonen (ww)	näyttää	[næyttæ:]
kijken naar …	katsoa	[kɑtsoɑ]
roepen (vragen te komen)	kutsua	[kutsuɑ]
afleiden (storen)	harhauttaa	[hɑrhɑuttɑ:]
storen (lastigvallen)	häiritä	[hæjritæ]
doorgeven (ww)	antaa	[ɑntɑ:]

verzoek (het)	pyyntö	[py:ntø]
verzoeken (ww)	pyytää	[py:tæ:]
eis (de)	vaatimus	[ʋɑ:timus]
eisen (met klem vragen)	vaatia	[ʋɑ:tiɑ]

beledigen (beledigende namen geven)	härnätä	[hærnætæ]
uitlachen (ww)	pilkata	[pilkɑtɑ]
spot (de)	pilkka	[pilkkɑ]
bijnaam (de)	liikanimi	[li:kɑ·nimi]

zinspeling (de)	vihjaus	[ʋihjɑus]
zinspelen (ww)	vihjata	[ʋihjɑtɑ]
impliceren (duiden op)	tarkoittaa	[tɑrkojttɑ:]

beschrijving (de)	kuvaus	[kuʋɑus]
beschrijven (ww)	kuvata	[kuʋɑtɑ]
lof (de)	kehu	[kehu]
loven (ww)	kehua	[kehuɑ]

teleurstelling (de)	pettymys	[pettymys]
teleurstellen (ww)	tuottaa pettymys	[tuottɑ: pettymys]
teleurgesteld zijn (ww)	pettyä	[pettyæ]

veronderstelling (de)	oletus	[oletus]
veronderstellen (ww)	olettaa	[olettɑ:]
waarschuwing (de)	varoitus	[ʋɑrojtus]
waarschuwen (ww)	varoittaa	[ʋɑrojttɑ:]

64. Discussie, conversatie. Deel 3

aanpraten (ww)	suostutella	[suostutella:]
kalmeren (kalm maken)	rauhoittaa	[rauhojtta:]
stilte (de)	vaitiolo	[ʋajtiolo]
zwijgen (ww)	olla vaiti	[olla ʋajti]
fluisteren (ww)	kuiskata	[kujskata]
gefluister (het)	kuiskaus	[kujskaus]
open, eerlijk (bw)	avomielisesti	[aʋomielisesti]
volgens mij ...	minusta	[minusta]
detail (het)	yksityiskohta	[yksityjs·kohta]
gedetailleerd (bn)	yksityiskohtainen	[yksityjs·kohtajnen]
gedetailleerd (bw)	yksityiskohtaisesti	[yksityjs·kohtajsesti]
hint (de)	vihje	[ʋihje]
een hint geven	vihjata	[ʋihjata]
blik (de)	katse	[katse]
een kijkje nemen	katsahtaa	[katsahta:]
strak (een ~ke blik)	liikkumaton	[li:kkumaton]
knipperen (ww)	räpyttää	[ræpyttæ:]
knipogen (ww)	iskeä silmää	[iskeæ silmæ:]
knikken (ww)	nyökätä	[nyøkætæ]
zucht (de)	huokaus	[huokaus]
zuchten (ww)	huokaista	[huokajsta]
huiveren (ww)	vavista	[ʋaʋista]
gebaar (het)	ele	[ele]
aanraken (ww)	koskea	[koskea]
grijpen (ww)	tarrata	[tarrata]
een schouderklopje geven	taputtaa	[taputta:]
Kijk uit!	Varo!	[ʋaro]
Echt?	Ihanko totta?	[ihaŋko totta]
Bent je er zeker van?	Oletko varma?	[oletko ʋarma]
Succes!	Toivotan onnea!	[tojʋotan onnea]
Juist, ja!	Selvä!	[selʋæ]
Wat jammer!	Onpa ikävä!	[onpa ikæʋæ]

65. Overeenstemming. Weigering

instemming (het)	suostumus	[suostumus]
instemmen (akkoord gaan)	suostua	[suostua]
goedkeuring (de)	hyväksyminen	[hyʋæksyminen]
goedkeuren (ww)	hyväksyä	[hyʋæksyæ]
weigering (de)	kielto	[kielto]
weigeren (ww)	kieltäytyä	[kæltæytyæ]
Geweldig!	Loistava!	[lojstaʋa]
Goed!	Hyvä!	[hyʋæ]

Akkoord!	Hyvä on!	[hyʋæ on]
verboden (bn)	kielletty	[kielletty]
het is verboden	on kielletty	[on kielletty]
het is onmogelijk	mahdottoman	[mɑhdottomɑn]
onjuist (bn)	virheellinen	[ʋirhe:llinen]

afwijzen (ww)	evätä	[eʋætæ]
steunen	kannattaa	[kɑnnɑttɑ:]
(een goed doel, enz.)		
aanvaarden (excuses ~)	hyväksyä	[hyʋæksyæ]

bevestigen (ww)	vahvistaa	[ʋɑhʋistɑ:]
bevestiging (de)	vahvistus	[ʋɑhʋistus]
toestemming (de)	lupa	[lupɑ]
toestaan (ww)	antaa lupa	[ɑntɑ: lupɑ]
beslissing (de)	ratkaisu	[rɑtkɑjsu]
z'n mond houden (ww)	olla vaiti	[ollɑ ʋɑjti]

voorwaarde (de)	ehto	[ehto]
smoes (de)	tekosyy	[tekosy:]

lof (de)	kehu	[kehu]
loven (ww)	kehua	[kehuɑ]

66. Succes. Veel geluk. Mislukking

succes (het)	menestys	[menestys]
succesvol (bw)	menestyksekkäästi	[menestyksekkæ:sti]
succesvol (bn)	menestyksellinen	[menestyksellinen]

geluk (het)	hyvä onni	[hyʋæ onni]
Succes!	Onnea!	[onneɑ]

geluks- (bn)	onnekas	[onnekɑs]
gelukkig (fortuinlijk)	onnekas	[onnekɑs]

mislukking (de)	epäonnistuminen	[epæonnistuminen]
tegenslag (de)	epäonni	[epæonni]
pech (de)	huono onni	[huono onni]

zonder succes (bn)	epäonnistunut	[epæonnistunut]
catastrofe (de)	katastrofi	[kɑtɑstrofi]

fierheid (de)	ylpeys	[ylpeys]
fier (bn)	ylpeä	[ylpeæ]
fier zijn (ww)	ylpeillä	[ylpejllæ]

winnaar (de)	voittaja	[ʋojttɑjɑ]
winnen (ww)	voittaa	[ʋojttɑ:]

verliezen (ww)	hävitä	[hæʋitæ]
poging (de)	yritys	[yritys]
pogen, proberen (ww)	yrittää	[yrittæ:]
kans (de)	tilaisuus	[tilɑjsu:s]

63

67. Ruzies. Negatieve emoties

schreeuw (de)	huuto	[hu:to]
schreeuwen (ww)	huutaa	[hu:ta:]
beginnen te schreeuwen	alkaa huutaa	[alka: hu:ta:]
ruzie (de)	riita	[ri:ta]
ruzie hebben (ww)	riidellä	[ri:dellæ]
schandaal (het)	skandaali	[skanda:li]
schandaal maken (ww)	rähistä	[ræhistæ]
conflict (het)	konflikti	[konflikti]
misverstand (het)	väärinkäsitys	[uæ:rin·kæsitys]
belediging (de)	loukkaus	[loukkaus]
beledigen	loukata	[loukata]
(met scheldwoorden)		
beledigd (bn)	loukkaantunut	[loukka:ntunut]
krenking (de)	närkästys	[nærkæstys]
krenken (beledigen)	loukata	[loukata]
gekwetst worden (ww)	loukkaantua	[loukka:ntua]
verontwaardiging (de)	suuttumus	[su:ttumus]
verontwaardigd zijn (ww)	olla suuttuksissa	[olla su:tuksissa]
klacht (de)	valitus	[ualitus]
klagen (ww)	valittaa	[ualitta:]
verontschuldiging (de)	anteeksipyyntö	[ante:ksi·py:ntø]
zich verontschuldigen	pyytää anteeksi	[py:tæ: ante:ksi]
excuus vragen	puolustella	[puolustella]
kritiek (de)	arvostelu	[aruostelu]
bekritiseren (ww)	arvostella	[aruostella]
beschuldiging (de)	syyte	[sy:te]
beschuldigen (ww)	syyttää	[sy:ttæ:]
wraak (de)	kosto	[kosto]
wreken (ww)	kostaa	[kosta:]
wraak nemen (ww)	antaa takaisin	[anta: takajsin]
minachting (de)	halveksinta	[halueksinta]
minachten (ww)	halveksia	[halueksia]
haat (de)	viha	[uiha]
haten (ww)	vihata	[uihata]
zenuwachtig (bn)	hermostunut	[hermostunut]
zenuwachtig zijn (ww)	hermostua	[hermostua]
boos (bn)	vihainen	[uihajnen]
boos maken (ww)	suututtaa	[su:tutta:]
vernedering (de)	alentaminen	[alentaminen]
vernederen (ww)	alentaa	[alenta:]
zich vernederen (ww)	alentua	[alentua]
schok (de)	sokki	[sokki]
schokken (ww)	sokeerata	[soke:rata]

onaangenaamheid (de)	ikävyys	[ikæʋy:s]
onaangenaam (bn)	epämiellyttävä	[epæmiellyttæʋæ]
vrees (de)	pelko	[pelko]
vreselijk (bijv. ~ onweer)	hirveä	[hirʋeæ]
eng (bn)	kauhea	[kauɦeæ]
gruwel (de)	kauhu	[kauɦu]
vreselijk (~ nieuws)	karmea	[karmea]
huilen (wenen)	itkeä	[itkeæ]
beginnen te huilen (wenen)	ruveta itkemään	[ruʋeta itkemæ:n]
traan (de)	kyynel	[ky:nel]
schuld (~ geven aan)	vika	[ʋika]
schuldgevoel (het)	syyllisyys	[sy:llisy:s]
schande (de)	häpeä	[hæpeæ]
protest (het)	protesti, vastalause	[protesti], [ʋastalause]
stress (de)	stressi	[stressi]
storen (lastigvallen)	häiritä	[hæjritæ]
kwaad zijn (ww)	vihastua	[ʋiɦastua]
kwaad (bn)	vihainen	[ʋiɦajnen]
beëindigen (een relatie ~)	lopettaa	[lopetta:]
vloeken (ww)	kiroilla	[kirojlla]
schrikken (schrik krijgen)	pelästyä	[pelæstyæ]
slaan (iemand ~)	iskeä	[iskeæ]
vechten (ww)	tapella	[tapella]
regelen (conflict)	sopia, sovitella	[sopia], [soʋitella]
ontevreden (bn)	tyytymätön	[ty:tymætøn]
woedend (bn)	tuima	[tujma]
Dat is niet goed!	Se ei ole hyvä!	[se ej ole hyʋæ]
Dat is slecht!	Se on huono!	[se on huono]

Geneeskunde

68. Ziekten

ziekte (de)	sairaus	[sɑjrɑus]
ziek zijn (ww)	sairastaa	[sɑjrɑstɑ:]
gezondheid (de)	terveys	[terʋeys]
snotneus (de)	nuha	[nuɦɑ]
angina (de)	angiina	[ɑŋi:nɑ]
verkoudheid (de)	vilustuminen	[ʋilustuminen]
verkouden raken (ww)	vilustua	[ʋilustuɑ]
bronchitis (de)	keuhkokatarri	[keuhko·katɑrri]
longontsteking (de)	keuhkotulehdus	[keuhko·tulehdus]
griep (de)	influenssa	[influenssɑ]
bijziend (bn)	likinäköinen	[likinækøjnen]
verziend (bn)	kaukonäköinen	[kaukonækøjnen]
scheelheid (de)	kierosilmäisyys	[kiero·silmæjsy:s]
scheel (bn)	kiero	[kiero]
grauwe staar (de)	harmaakaihi	[harma:kajhi]
glaucoom (het)	silmänpainetauti	[silmæn·pajne·tauti]
beroerte (de)	aivoinfarkti	[ajʋo·infɑrkti]
hartinfarct (het)	infarkti	[infɑrkti]
myocardiaal infarct (het)	sydäninfarkti	[sydæn·infɑrkti]
verlamming (de)	halvaus	[hɑlʋɑus]
verlammen (ww)	halvauttaa	[hɑlʋɑuttɑ:]
allergie (de)	allergia	[ɑllergiɑ]
astma (de/het)	astma	[ɑstmɑ]
diabetes (de)	diabetes	[diɑbetes]
tandpijn (de)	hammassärky	[hɑmmɑs·særky]
tandbederf (het)	hammasmätä	[hɑmmɑs·mætæ]
diarree (de)	ripuli	[ripuli]
constipatie (de)	ummetus	[ummetus]
maagstoornis (de)	vatsavaiva	[ʋɑtsɑ·ʋɑjʋɑ]
voedselvergiftiging (de)	ruokamyrkytys	[ruoka·myrkytys]
voedselvergiftiging oplopen	myrkyttyä	[myrkyttyæ]
artritis (de)	niveltulehdus	[niʋel·tulehdus]
rachitis (de)	riisitauti	[ri:sitɑti]
reuma (het)	reuma	[reumɑ]
arteriosclerose (de)	ateroskleroosi	[ɑterosklero:si]
gastritis (de)	mahakatarri	[mɑɦɑ·kɑtɑrri]
blindedarmontsteking (de)	umpilisäketulehdus	[umpilisæke·tulehdus]

| galblaasontsteking (de) | kolekystiitti | [kolekysti:tti] |
| zweer (de) | haavauma | [hɑ:ʋɑumɑ] |

mazelen (mv.)	tuhkarokko	[tuhkɑ·rokko]
rodehond (de)	vihurirokko	[ʋihuri·rokko]
geelzucht (de)	keltatauti	[keltɑ·tɑuti]
leverontsteking (de)	hepatiitti	[hepɑti:tti]

schizofrenie (de)	jakomielisyys	[jɑkomielisy:s]
dolheid (de)	raivotauti	[rɑjʋo·tɑuti]
neurose (de)	neuroosi	[neuro:si]
hersenschudding (de)	aivotärähdys	[ɑjʋo·tæræhdys]

kanker (de)	syöpä	[syøpæ]
sclerose (de)	skleroosi	[sklero:si]
multiple sclerose (de)	multippeliskleroosi	[multippeli·sklero:si]

alcoholisme (het)	alkoholismi	[ɑlkoholismi]
alcoholicus (de)	alkoholisti	[ɑlkoholisti]
syfilis (de)	kuppa, syfilis	[kuppɑ], [sifilis]
AIDS (de)	AIDS	[ɑjds]

tumor (de)	kasvain	[kɑsʋɑjn]
kwaadaardig (bn)	pahanlaatuinen	[pɑhɑn·lɑ:jtunen]
goedaardig (bn)	hyvänlaatuinen	[hyʋænlɑ:tunen]

koorts (de)	kuume	[ku:me]
malaria (de)	malaria	[mɑlɑriɑ]
gangreen (het)	kuolio	[kuolio]
zeeziekte (de)	merisairaus	[meri·sɑjrɑus]
epilepsie (de)	epilepsia	[epilepsiɑ]

epidemie (de)	epidemia	[epidemiɑ]
tyfus (de)	lavantauti	[lɑʋɑn·tɑuti]
tuberculose (de)	tuberkuloosi	[tuberkulo:si]
cholera (de)	kolera	[kolerɑ]
pest (de)	rutto	[rutto]

69. Symptomen. Behandelingen. Deel 1

symptoom (het)	oire	[ojre]
temperatuur (de)	kuume	[ku:me]
verhoogde temperatuur (de)	korkea kuume	[korkeɑ ku:me]
polsslag (de)	pulssi, syke	[pulssi], [syke]

duizeling (de)	huimaus	[hujmɑus]
heet (erg warm)	kuuma	[ku:mɑ]
koude rillingen (mv.)	vilunväristys	[ʋilun·ʋæristys]
bleek (bn)	kalpea	[kɑlpeɑ]

hoest (de)	yskä	[yskæ]
hoesten (ww)	yskiä	[yskiæ]
niezen (ww)	aivastella	[ɑjʋɑstellɑ]
flauwte (de)	pyörtyminen	[pyørtyminen]

flauwvallen (ww)	pyörtyä	[pyørtyæ]
blauwe plek (de)	mustelma	[mustelma]
buil (de)	kuhmu	[kuhmu]
zich stoten (ww)	loukkaantua	[loukka:ntua]
kneuzing (de)	ruhje	[ruhje]
kneuzen (gekneusd zijn)	loukkaantua	[loukka:ntua]

hinken (ww)	ontua	[ontua]
verstuiking (de)	sijoiltaanmeno	[sijoilta:nmeno]
verstuiken (enkel, enz.)	siirtää sijoiltaan	[si:rtæ: sijoilta:n]
breuk (de)	murtuma	[murtuma]
een breuk oplopen	saada murtuma	[sa:da murtuma]

snijwond (de)	leikkaushaava	[lejkkaus·ha:ʋa]
zich snijden (ww)	leikata	[lejkata]
bloeding (de)	verenvuoto	[ʋeren·ʋuoto]

| brandwond (de) | palohaava | [palo·ha:ʋa] |
| zich branden (ww) | polttaa itse | [poltta: itse] |

prikken (ww)	pistää	[pistæ:]
zich prikken (ww)	pistää itseä	[pistæ: itseæ]
blesseren (ww)	vahingoittaa	[ʋahiŋojtta:]
blessure (letsel)	vamma, vaurio	[ʋamma], [ʋaurio]
wond (de)	haava	[ha:ʋa]
trauma (het)	trauma, vamma	[trauma], [ʋamma]

ijlen (ww)	hourailla	[hourajlla]
stotteren (ww)	änkyttää	[æŋkyttæ:]
zonnesteek (de)	auringonpistos	[auriŋon·pistos]

70. Symptomen. Behandelingen. Deel 2

| pijn (de) | kipu | [kipu] |
| splinter (de) | tikku | [tikku] |

zweet (het)	hiki	[hiki]
zweten (ww)	hikoilla	[hikojlla]
braking (de)	oksennus	[oksennus]
stuiptrekkingen (mv.)	kouristukset	[kouristukset]

zwanger (bn)	raskaana oleva	[raska:na oleʋa]
geboren worden (ww)	syntyä	[syntyæ]
geboorte (de)	synnytys	[synnytys]
baren (ww)	synnyttää	[synnyttæ:]
abortus (de)	raskaudenkeskeytys	[raskauden·keskeytys]

ademhaling (de)	hengitys	[heŋitys]
inademing (de)	sisäänhengitys	[sisæ:n·heŋitys]
uitademing (de)	uloshengitys	[ulos·heŋitys]
uitademen (ww)	hengittää ulos	[heŋittæ: ulos]
inademen (ww)	hengittää sisään	[hengittæ: sisæ:n]
invalide (de)	invalidi	[inʋalidi]
gehandicapte (de)	rampa	[rampa]

drugsverslaafde (de)	narkomaani	[narkoma:ni]
doof (bn)	kuuro	[ku:ro]
stom (bn)	mykkä	[mykkæ]
doofstom (bn)	kuuromykkä	[ku:ro·mykkæ]

krankzinnig (bn)	mielenvikainen	[mielen·vikajnen]
krankzinnige (man)	hullu	[hullu]
krankzinnige (vrouw)	hullu	[hullu]
krankzinnig worden	tulla hulluksi	[tulla hulluksi]

gen (het)	geeni	[ge:ni]
immuniteit (de)	immuniteetti	[immunite:tti]
erfelijk (bn)	perintö-	[perintø]
aangeboren (bn)	synnynnäinen	[synnynnæjnen]

virus (het)	virus	[virus]
microbe (de)	mikrobi	[mikrobi]
bacterie (de)	bakteeri	[bakte:ri]
infectie (de)	infektio, tartunta	[infektio], [tartunta]

71. Symptomen. Behandelingen. Deel 3

ziekenhuis (het)	sairaala	[sajra:la]
patiënt (de)	potilas	[potilas]

diagnose (de)	diagnoosi	[diagno:si]
genezing (de)	lääkintä	[læ:kintæ]
medische behandeling (de)	hoito	[hojto]
onder behandeling zijn	saada hoitoa	[sa:da hojtoa]
behandelen (ww)	hoitaa	[hojta:]
zorgen (zieken ~)	hoitaa	[hojta:]
ziekenzorg (de)	hoito	[hojto]

operatie (de)	leikkaus	[lejkkaus]
verbinden (een arm ~)	sitoa	[sitoa]
verband (het)	sidonta	[sidonta]

vaccin (het)	rokotus	[rokotus]
inenten (vaccineren)	rokottaa	[rokotta:]
injectie (de)	injektio	[injektio]
een injectie geven	tehdä pisto	[tehdæ pisto]

aanval (de)	kohtaus	[kohtaus]
amputatie (de)	amputaatio	[amputa:tio]
amputeren (ww)	amputoida	[amputojda]
coma (het)	kooma	[ko:ma]
in coma liggen	olla koomassa	[olla ko:massa]
intensieve zorg, ICU (de)	teho-osasto	[teho·osasto]

zich herstellen (ww)	parantua	[parantua]
toestand (de)	terveydentila	[terveyden·tila]
bewustzijn (het)	tajunta	[tajunta]
geheugen (het)	muisti	[mujsti]
trekken (een kies ~)	poistaa	[pojsta:]

| vulling (de) | paikka | [pajkka] |
| vullen (ww) | paikata | [pajkata] |

| hypnose (de) | hypnoosi | [hypno:si] |
| hypnotiseren (ww) | hypnotisoida | [hypnotisojda] |

72. Artsen

dokter, arts (de)	lääkäri	[læ:kæri]
ziekenzuster (de)	sairaanhoitaja	[sajra:n·hojtaja]
lijfarts (de)	omalääkäri	[oma·læ:kæri]

tandarts (de)	hammaslääkäri	[hammas·læ:kæri]
oogarts (de)	silmälääkäri	[silmæ·læ:kæri]
therapeut (de)	sisätautilääkäri	[sisætauti·læ:kæri]
chirurg (de)	kirurgi	[kirurgi]

psychiater (de)	psykiatri	[psykiatri]
pediater (de)	lastenlääkäri	[lasten·læ:kæri]
psycholoog (de)	psykologi	[psykologi]
gynaecoloog (de)	naistentautilääkäri	[najstentauti·læ:kæri]
cardioloog (de)	kardiologi	[kardiologi]

73. Geneeskunde. Medicijnen. Accessoires

geneesmiddel (het)	lääke	[læ:ke]
middel (het)	lääke	[læ:ke]
voorschrijven (ww)	määrätä	[mæ:rætæ]
recept (het)	resepti	[resepti]

tablet (de/het)	tabletti	[tabletti]
zalf (de)	voide	[uojde]
ampul (de)	ampulli	[ampulli]
drank (de)	liuos	[liuos]
siroop (de)	siirappi	[si:rappi]
pil (de)	pilleri	[pilleri]
poeder (de/het)	jauhe	[jauhe]

verband (het)	side	[side]
watten (mv.)	vanu	[uanu]
jodium (het)	jodi	[jodi]

pleister (de)	laastari	[la:stari]
pipet (de)	pipetti	[pipetti]
thermometer (de)	kuumemittari	[ku:me·mittari]
spuit (de)	ruisku	[rujsku]

| rolstoel (de) | pyörätuoli | [pyøræ·tuoli] |
| krukken (mv.) | kainalosauvat | [kajnalo·sauuat] |

| pijnstiller (de) | puudutusaine | [pu:dutus·ajne] |
| laxeermiddel (het) | ulostuslääke | [ulostus·læ:ke] |

spiritus (de)
medicinale kruiden (mv.)
kruiden- (abn)

sprii
lääkeyrtti
yrtti-

[spri:]
[læ:ke·yrtti]
[yrtti]

74. Roken. Tabaksproducten

tabak (de)
sigaret (de)
sigaar (de)
pijp (de)
pakje (~ sigaretten)

tupakka
savuke
sikari
piippu
aski

[tupɑkkɑ]
[sɑuuke]
[sikɑri]
[pi:ppu]
[ɑski]

lucifers (mv.)
luciferdoosje (het)
aansteker (de)
asbak (de)
sigarettendoosje (het)

tulitikut
tulitikkurasia
sytytin
tuhkakuppi
savukekotelo

[tuli·tikut]
[tulitikku·rɑsiɑ]
[sytytin]
[tuhkɑ·kuppi]
[sɑuuke·kotelo]

sigarettenpijpje (het)
filter (de/het)

imuke
suodatin

[imuke]
[suodɑtin]

roken (ww)
een sigaret opsteken
roken (het)
roker (de)

tupakoida
sytyttää
tupakanpoltto
tupakanpolttaja

[tupɑkojdɑ]
[sytyttæ:]
[tupɑkɑn·poltto]
[tupɑkɑn·polttɑjɑ]

peuk (de)
rook (de)
as (de)

tumppi
savu
tuhka

[tumppi]
[sɑuu]
[tuhkɑ]

HET MENSELIJKE LEEFGEBIED

Stad

75. Stad. Het leven in de stad

stad (de)	kaupunki	[kaupuŋki]
hoofdstad (de)	pääkaupunki	[pæ:kaupuŋki]
dorp (het)	kylä	[kylæ]

plattegrond (de)	asemakaava	[asema·ka:ʋa]
centrum (ov. een stad)	keskusta	[keskusta]
voorstad (de)	esikaupunki	[esikaupuŋki]
voorstads- (abn)	esikaupunki-	[esikaupuŋki]

randgemeente (de)	laitakaupunginosa	[lajta·kaupunginosa]
omgeving (de)	ympäristö	[ympæristø]
blok (huizenblok)	kortteli	[kortteli]
woonwijk (de)	asuinkortteli	[asujŋ·kortteli]

verkeer (het)	liikenne	[li:kenne]
verkeerslicht (het)	liikennevalot	[li:kenne·ʋalot]
openbaar vervoer (het)	julkiset kulkuvälineet	[julkiset kulkuʋæline:t]
kruispunt (het)	risteys	[risteys]

zebrapad (oversteekplaats)	suojatie	[suojatæ]
onderdoorgang (de)	alikäytävä	[ali·kæytæʋæ]
oversteken (de straat ~)	ylittää	[ylittæ:]
voetganger (de)	jalankulkija	[jalaŋkulkija]
trottoir (het)	jalkakäytävä	[jalka·kæytæʋæ]

brug (de)	silta	[silta]
dijk (de)	rantakatu	[ranta·katu]
fontein (de)	suihkulähde	[sujhku·læhde]

allee (de)	lehtikuja	[lehti·kuja]
park (het)	puisto	[pujsto]
boulevard (de)	bulevardi	[buleʋardi]
plein (het)	aukio	[aukio]
laan (de)	valtakatu	[ʋalta·katu]
straat (de)	katu	[katu]
zijstraat (de)	kuja	[kuja]
doodlopende straat (de)	umpikuja	[umpikuja]

huis (het)	talo	[talo]
gebouw (het)	rakennus	[rakennus]
wolkenkrabber (de)	pilvenpiirtäjä	[pilʋen·pi:rtæjæ]
gevel (de)	julkisivu	[julki·siʋu]
dak (het)	katto	[katto]

venster (het)	ikkuna	[ikkuna]
boog (de)	kaari	[kɑːri]
pilaar (de)	pylväs	[pylʋæs]
hoek (ov. een gebouw)	kulma	[kulmɑ]

vitrine (de)	näyteikkuna	[næyte·ikkunɑ]
gevelreclame (de)	kauppakyltti	[kɑuppɑ·kyltti]
affiche (de/het)	juliste	[juliste]
reclameposter (de)	mainosjuliste	[mɑjnos·juliste]
aanplakbord (het)	mainoskilpi	[mɑjnos·kilpi]

vuilnis (de/het)	jäte	[jæte]
vuilnisbak (de)	roskis	[roskis]
afval weggooien (ww)	roskata	[roskɑtɑ]
stortplaats (de)	kaatopaikka	[kɑːto·pɑjkkɑ]

telefooncel (de)	puhelinkoppi	[puɦeliŋ·koppi]
straatlicht (het)	lyhtypylväs	[lyhty·pylʋæs]
bank (de)	penkki	[peŋkki]

politieagent (de)	poliisi	[poliːsi]
politie (de)	poliisi	[poliːsi]
zwerver (de)	kerjäläinen	[kerjælæjnen]
dakloze (de)	koditon	[koditon]

76. Stedelijke instellingen

winkel (de)	kauppa	[kɑuppɑ]
apotheek (de)	apteekki	[ɑpteːkki]
optiek (de)	optiikka	[optiːkkɑ]
winkelcentrum (het)	kauppakeskus	[kɑuppɑ·keskus]
supermarkt (de)	supermarketti	[super·mɑrketti]

bakkerij (de)	leipäkauppa	[lejpæ·kɑuppɑ]
bakker (de)	leipuri	[lejpuri]
banketbakkerij (de)	konditoria	[konditoriɑ]
kruidenier (de)	sekatavarakauppa	[sekɑtɑʋɑrɑ·kɑuppɑ]
slagerij (de)	lihakauppa	[liɦɑ·kɑuppɑ]

| groentewinkel (de) | vihanneskauppa | [ʋiɦɑnnes·kɑuppɑ] |
| markt (de) | kauppatori | [kɑuppɑ·tori] |

koffiehuis (het)	kahvila	[kɑɦʋilɑ]
restaurant (het)	ravintola	[rɑʋintolɑ]
bar (de)	pubi	[pubi]
pizzeria (de)	pizzeria	[pitseriɑ]

kapperssalon (de/het)	parturinliike	[pɑrturin·liːke]
postkantoor (het)	posti	[posti]
stomerij (de)	kemiallinen pesu	[kemiɑllinen pesu]
fotostudio (de)	valokuvastudio	[ʋɑlokuʋɑ·studio]

| schoenwinkel (de) | kenkäkauppa | [keŋkæ·kɑuppɑ] |
| boekhandel (de) | kirjakauppa | [kirjɑ·kɑuppɑ] |

sportwinkel (de)	urheilukauppa	[urhejlu·kauppa]
kledingreparatie (de)	vaatteiden korjaus	[ʋɑ:ttejden korjaus]
kledingverhuur (de)	vaate vuokralle	[ʋɑ:te ʋuokralle]
videotheek (de)	elokuvien vuokra	[elokuʋien ʋuokra]

circus (de/het)	sirkus	[sirkus]
dierentuin (de)	eläintarha	[elæjn·tarha]
bioscoop (de)	elokuvateatteri	[elokuʋa·teatteri]
museum (het)	museo	[museo]
bibliotheek (de)	kirjasto	[kirjasto]

theater (het)	teatteri	[teatteri]
opera (de)	ooppera	[o:ppera]
nachtclub (de)	yökerho	[yø·kerho]
casino (het)	kasino	[kasino]

moskee (de)	moskeija	[moskeja]
synagoge (de)	synagoga	[synagoga]
kathedraal (de)	tuomiokirkko	[tuomio·kirkko]
tempel (de)	temppeli	[temppeli]
kerk (de)	kirkko	[kirkko]

instituut (het)	instituutti	[institu:tti]
universiteit (de)	yliopisto	[yli·opisto]
school (de)	koulu	[koulu]

gemeentehuis (het)	prefektuuri	[prefektu:ri]
stadhuis (het)	kaupunginhallitus	[kaupuŋin·hallitus]
hotel (het)	hotelli	[hotelli]
bank (de)	pankki	[paŋkki]

ambassade (de)	suurlähetystö	[su:r·læɦetystø]
reisbureau (het)	matkatoimisto	[matka·tojmisto]
informatieloket (het)	neuvontatoimisto	[neuʋonta·tojmisto]
wisselkantoor (het)	valuutanvaihtotoimisto	[ʋalu:tan·ʋajhto·tojmisto]

metro (de)	metro	[metro]
ziekenhuis (het)	sairaala	[sajra:la]

benzinestation (het)	bensiiniasema	[bensi:ni·asema]
parking (de)	parkkipaikka	[parkki·pajkka]

77. Stedelijk vervoer

bus, autobus (de)	bussi	[bussi]
tram (de)	raitiovaunu	[rajtio·ʋaunu]
trolleybus (de)	johdinauto	[johdin·auto]
route (de)	reitti	[rejtti]
nummer (busnummer, enz.)	numero	[numero]

rijden met …	mennä …	[mennæ]
stappen (in de bus ~)	nousta	[nousta]
afstappen (ww)	astua ulos	[astua ulos]
halte (de)	pysäkki	[pysækki]

volgende halte (de)	seuraava pysäkki	[seura:ʋa pysækki]
eindpunt (het)	pääteasema	[pæ:teasema]
dienstregeling (de)	aikataulu	[ajka·taulu]
wachten (ww)	odottaa	[odotta:]

| kaartje (het) | lippu | [lippu] |
| reiskosten (de) | kyytimaksu | [ky:ti·maksu] |

kassier (de)	kassanhoitaja	[kassan·hojtaja]
kaartcontrole (de)	tarkastus	[tarkastus]
controleur (de)	tarkastaja	[tarkastaja]

te laat zijn (ww)	myöhästyä	[myøhæstyæ]
missen (de bus ~)	myöhästyä	[myøhæstyæ]
zich haasten (ww)	olla kiire	[olla ki:re]

taxi (de)	taksi	[taksi]
taxichauffeur (de)	taksinkuljettaja	[taksiŋ·kuljettaja]
met de taxi (bw)	taksilla	[taksilla]
taxistandplaats (de)	taksiasema	[taksi·asema]
een taxi bestellen	tilata taksi	[tilata taksi]
een taxi nemen	ottaa taksi	[otta: taksi]

verkeer (het)	liikenne	[li:kenne]
file (de)	ruuhka	[ru:hka]
spitsuur (het)	ruuhka-aika	[ru:hka·ajka]
parkeren (on.ww.)	pysäköidä	[pysækøjdæ]
parkeren (ov.ww.)	pysäköidä	[pysækøjdæ]
parking (de)	parkkipaikka	[parkki·pajkka]

metro (de)	metro	[metro]
halte (bijv. kleine treinhalte)	asema	[asema]
de metro nemen	mennä metrolla	[mennæ metrollla]
trein (de)	juna	[juna]
station (treinstation)	rautatieasema	[rautatie·asema]

78. Bezienswaardigheden

monument (het)	patsas	[patsas]
vesting (de)	linna	[linna]
paleis (het)	palatsi	[palatsi]
kasteel (het)	linna	[linna]
toren (de)	torni	[torni]
mausoleum (het)	mausoleumi	[mausoleumi]

architectuur (de)	arkkitehtuuri	[arkkitehtu:ri]
middeleeuws (bn)	keskiaikainen	[keskiajkajnen]
oud (bn)	vanha	[ʋanha]
nationaal (bn)	kansallinen	[kansallinen]
bekend (bn)	tunnettu	[tunnettu]

toerist (de)	matkailija	[matkajlija]
gids (de)	opas	[opas]
rondleiding (de)	ekskursio, retki	[ekskursio], [retki]

| tonen (ww) | näyttää | [næyttæ:] |
| vertellen (ww) | kertoa | [kertoɑ] |

vinden (ww)	löytää	[løytæ:]
verdwalen (de weg kwijt zijn)	hävitä	[hæʋitæ]
plattegrond (~ van de metro)	reittikartta	[rejtti·kɑrttɑ]
plattegrond (~ van de stad)	asemakaava	[ɑsemɑ·kɑ:ʋɑ]

souvenir (het)	matkamuisto	[mɑtkɑ·mujsto]
souvenirwinkel (de)	matkamuistokauppa	[mɑtkɑ·mujsto·kɑuppɑ]
foto's maken	valokuvata	[ʋɑlokuʋɑtɑ]
zich laten fotograferen	valokuvauttaa itsensä	[ʋɑlokuʋɑuttɑ: itsensæ]

79. Winkelen

kopen (ww)	ostaa	[ostɑ:]
aankoop (de)	ostos	[ostos]
winkelen (ww)	käydä ostoksilla	[kæydæ ostoksillɑ]
winkelen (het)	shoppailu	[ʃoppɑjlu]

| open zijn (ov. een winkel, enz.) | toimia | [tojmiɑ] |
| gesloten zijn (ww) | olla kiinni | [ollɑ ki:nni] |

schoeisel (het)	jalkineet	[jɑlkine:t]
kleren (mv.)	vaatteet	[ʋɑ:tte:t]
cosmetica (mv.)	kosmetiikka	[kosmeti:kkɑ]
voedingswaren (mv.)	ruokatavarat	[ruokɑ·tɑʋɑrɑt]
geschenk (het)	lahja	[lɑhjɑ]

| verkoper (de) | myyjä | [my:jæ] |
| verkoopster (de) | myyjätär | [my:jætær] |

kassa (de)	kassa	[kɑssɑ]
spiegel (de)	peili	[pejli]
toonbank (de)	tiski	[tiski]
paskamer (de)	sovitushuone	[soʋitus·huone]

aanpassen (ww)	sovittaa	[soʋittɑ:]
passen (ov. kleren)	sopia	[sopiɑ]
bevallen (prettig vinden)	pitää, tykätä	[pitæ:], [tykætæ]

prijs (de)	hinta	[hintɑ]
prijskaartje (het)	hintalappu	[hintɑ·lɑppu]
kosten (ww)	maksaa	[mɑksɑ:]
Hoeveel?	Kuinka paljon?	[kujŋkɑ pɑljon]
korting (de)	alennus	[ɑlennus]

niet duur (bn)	halpa	[hɑlpɑ]
goedkoop (bn)	halpa	[hɑlpɑ]
duur (bn)	kallis	[kɑllis]
Dat is duur.	Se on kallista	[se on kɑllistɑ]
verhuur (de)	vuokra	[ʋuokrɑ]
huren (smoking, enz.)	vuokrata	[ʋuokrɑtɑ]

| krediet (het) | luotto | [luotto] |
| op krediet (bw) | luotolla | [luotolla] |

80. Geld

geld (het)	raha, rahat	[raɦa], [raɦat]
ruil (de)	valuutanvaihto	[ʋalu:tan·ʋajhto]
koers (de)	kurssi	[kurssi]
geldautomaat (de)	pankkiautomaatti	[paŋkki·automa:tti]
muntstuk (de)	kolikko	[kolikko]

| dollar (de) | dollari | [dollari] |
| euro (de) | euro | [euro] |

lire (de)	liira	[li:ra]
Duitse mark (de)	markka	[markka]
frank (de)	frangi	[fraŋi]
pond sterling (het)	punta	[punta]
yen (de)	jeni	[jeni]

schuld (geldbedrag)	velka	[ʋelka]
schuldenaar (de)	velallinen	[ʋelallinen]
uitlenen (ww)	lainata jollekulle	[lajnata jolekulle]
lenen (geld ~)	lainata joltakulta	[lajnata joltakulta]

bank (de)	pankki	[paŋkki]
bankrekening (de)	tili	[tili]
storten (ww)	tallettaa	[talletta:]
op rekening storten	tallettaa rahaa tilille	[talletta: raɦa: tilille]
opnemen (ww)	nostaa rahaa tililtä	[nosta: raɦa: tililta]

kredietkaart (de)	luottokortti	[luotto·kortti]
baar geld (het)	käteinen	[kætejnen]
cheque (de)	sekki	[sekki]
een cheque uitschrijven	kirjoittaa shekki	[kirjoitta: ʃekki]
chequeboekje (het)	sekkivihko	[sekki·ʋihko]

portefeuille (de)	lompakko	[lompakko]
geldbeugel (de)	kukkaro	[kukkaro]
safe (de)	kassakaappi	[kassa·ka:ppi]

erfgenaam (de)	perillinen	[perillinen]
erfenis (de)	perintö	[perintø]
fortuin (het)	varallisuus	[ʋarallisu:s]

huur (de)	vuokraus	[ʋuokraus]
huurprijs (de)	asuntovuokra	[asunto·ʋuokra]
huren (huis, kamer)	vuokrata	[ʋuokrata]

prijs (de)	hinta	[hinta]
kostprijs (de)	hinta	[hinta]
som (de)	summa	[summa]
uitgeven (geld besteden)	kuluttaa	[kulutta:]
kosten (mv.)	kulut	[kulut]

77

bezuinigen (ww)	säästäväisesti	[sæ:stæʋæjsesti]
zuinig (bn)	säästäväinen	[sæ:stæʋæjnen]

betalen (ww)	maksaa	[maksɑ:]
betaling (de)	maksu	[maksu]
wisselgeld (het)	vaihtoraha	[ʋajhto·rɑɦɑ]

belasting (de)	vero	[ʋero]
boete (de)	sakko	[sakko]
beboeten (bekeuren)	sakottaa	[sakotta:]

81. Post. Postkantoor

postkantoor (het)	posti	[posti]
post (de)	posti	[posti]
postbode (de)	postinkantaja	[postiŋ·kantaja]
openingsuren (mv.)	virka-aika	[ʋirka·ajka]

brief (de)	kirje	[kirje]
aangetekende brief (de)	kirjattu kirje	[kirjattu kirje]
briefkaart (de)	postikortti	[posti·kortti]
telegram (het)	sähke	[sæhke]
postpakket (het)	paketti	[paketti]
overschrijving (de)	rahalähetys	[rɑɦɑ·læɦetys]

ontvangen (ww)	vastaanottaa	[ʋasta:notta:]
sturen (zenden)	lähettää	[læɦettæ:]
verzending (de)	lähettäminen	[læɦettæminen]

adres (het)	osoite	[osojte]
postcode (de)	postinumero	[posti·numero]
verzender (de)	lähettäjä	[læɦettæjæ]
ontvanger (de)	saaja, vastaanottaja	[sa:ja], [ʋasta:nottaja]

naam (de)	nimi	[nimi]
achternaam (de)	sukunimi	[suku·nimi]

tarief (het)	hinta, tariffi	[hinta], [tariffi]
standaard (bn)	tavallinen	[taʋallinen]
zuinig (bn)	edullinen	[edullinen]

gewicht (het)	paino	[pajno]
afwegen (op de weegschaal)	punnita	[punnita]
envelop (de)	kirjekuori	[kirje·kuori]
postzegel (de)	postimerkki	[posti·merkki]
een postzegel plakken op	liimata postimerkki	[li:mata posti·merkki]

Woning. Huis. Thuis

82. Huis. Woning

huis (het)	koti	[koti]
thuis (bw)	kotona	[kotona]
cour (de)	piha	[piħa]
omheining (de)	aita	[ajta]
baksteen (de)	tiili	[ti:li]
van bakstenen	tiili-, tiilinen	[ti:li], [ti:linen]
steen (de)	kivi	[kiʋi]
stenen (bn)	kivi-, kivinen	[kiʋi], [kiʋinen]
beton (het)	betoni	[betoni]
van beton	betoninen	[betoninen]
nieuw (bn)	uusi	[u:si]
oud (bn)	vanha	[ʋanha]
vervallen (bn)	ränsistynyt	[rænsistynyt]
modern (bn)	nykyaikainen	[nykyajkajnen]
met veel verdiepingen	monikerroksinen	[moni·kerroksinen]
hoog (bn)	korkea	[korkea]
verdieping (de)	kerros	[kerros]
met een verdieping	yksikerroksinen	[yksi·kerroksinen]
laagste verdieping (de)	alakerta	[alakerta]
bovenverdieping (de)	yläkerta	[ylæ·kerta]
dak (het)	katto	[katto]
schoorsteen (de)	savupiippu	[saʋu·pi:ppu]
dakpan (de)	kattotiili	[katto·ti:li]
pannen- (abn)	kattotiili-	[katto·ti:li]
zolder (de)	ullakko	[ullakko]
venster (het)	ikkuna	[ikkuna]
glas (het)	lasi	[lasi]
vensterbank (de)	ikkunalauta	[ikkuna·lauta]
luiken (mv.)	ikkunaluukut	[ikkuna·lu:kut]
muur (de)	seinä	[sejnæ]
balkon (het)	parveke	[parʋeke]
regenpijp (de)	syöksytorvi	[syøksy·torʋi]
boven (bw)	ylhäällä	[ylhæ:llæ]
naar boven gaan (ww)	nousta	[nousta]
afdalen (on.ww.)	laskeutua	[laskeutua]
verhuizen (ww)	muuttaa	[mu:tta:]

83. Huis. Ingang. Lift

ingang (de)	sisäänkäynti	[sisæ:n·kæynti]
trap (de)	portaat	[portɑ:t]
treden (mv.)	askelmat	[ɑskelmɑt]
trapleuning (de)	kaiteet	[kɑjte:t]
hal (de)	halli	[hɑlli]

postbus (de)	postilaatikko	[postilɑ:tikko]
vuilnisbak (de)	roskis	[roskis]
vuilniskoker (de)	roskakuilu	[roskɑ·kujlu]

lift (de)	hissi	[hissi]
goederenlift (de)	tavarahissi	[tɑvɑrɑ·hissi]
liftcabine (de)	hissikori	[hissi·kori]
de lift nemen	mennä hissillä	[mennæ hissillæ]

appartement (het)	asunto	[ɑsunto]
bewoners (mv.)	asukkaat	[ɑsukkɑ:t]
buurman (de)	naapuri	[nɑ:puri]
buurvrouw (de)	naapuri	[nɑ:puri]
buren (mv.)	naapurit	[nɑ:purit]

84. Huis. Deuren. Sloten

deur (de)	ovi	[oʋi]
toegangspoort (de)	portti	[portti]
deurkruk (de)	kahva	[kɑhʋɑ]
ontsluiten (ontgrendelen)	avata lukko	[ɑʋɑtɑ lukko]
openen (ww)	avata	[ɑʋɑtɑ]
sluiten (ww)	sulkea	[sulkeɑ]

sleutel (de)	avain	[ɑʋɑjn]
sleutelbos (de)	nippu	[nippu]
knarsen (bijv. scharnier)	narista	[nɑristɑ]
knarsgeluid (het)	narina	[nɑrinɑ]
scharnier (het)	sarana	[sɑrɑnɑ]
deurmat (de)	matto	[mɑtto]

slot (het)	lukko	[lukko]
sleutelgat (het)	avaimenreikä	[ɑʋɑjmen·rejkæ]
grendel (de)	salpa	[sɑlpɑ]
schuif (de)	työntösalpa	[tyøntø·sɑlpɑ]
hangslot (het)	munalukko	[munɑ·lukko]

aanbellen (ww)	soittaa	[sojttɑ:]
bel (geluid)	soitto	[sojtto]
deurbel (de)	ovikello	[oʋi·kello]
belknop (de)	painike	[pɑjnike]
geklop (het)	koputus	[koputus]
kloppen (ww)	koputtaa	[koputtɑ:]
code (de)	koodi	[ko:di]
cijferslot (het)	numerolukko	[numero·lukko]

parlofoon (de)	ovipuhelin	[oui·puĥelin]
nummer (het)	numero	[numero]
naambordje (het)	ovikyltti	[oui·kyltti]
deurspion (de)	ovisilmä	[oui·silmæ]

85. Huis op het platteland

dorp (het)	kylä	[kylæ]
moestuin (de)	kasvimaa	[kasuima:]
hek (het)	aita	[ɑjtɑ]
houten hekwerk (het)	säleaita	[sæle·ɑjtɑ]
tuinpoortje (het)	portti	[portti]

graanschuur (de)	aitta	[ɑjttɑ]
wortelkelder (de)	kellari	[kellɑri]

schuur (de)	vaja	[uɑjɑ]
waterput (de)	kaivo	[kɑjuo]

kachel (de)	uuni	[u:ni]
de kachel stoken	lämmittää	[læmmittæ:]
brandhout (het)	polttopuu	[poltto·pu:]
houtblok (het)	halko	[hɑlko]

veranda (de)	veranta	[uerɑntɑ]
terras (het)	terassi	[terɑssi]

bordes (het)	kuisti	[kujsti]
schommel (de)	keinu	[kejnu]

86. Kasteel. Paleis

kasteel (het)	linna	[linnɑ]
paleis (het)	palatsi	[pɑlɑtsi]
vesting (de)	linna	[linnɑ]

ringmuur (de)	muuri	[mu:ri]
toren (de)	torni	[torni]
donjon (de)	keskustorni	[keskus·torni]

valhek (het)	nostoportti	[nosto·portti]
onderaardse gang (de)	maanalainen tunneli	[mɑ:nɑlɑjnen tunneli]
slotgracht (de)	vallihauta	[uɑlli·ĥɑutɑ]

ketting (de)	ketju	[ketju]
schietgat (het)	ampuma-aukko	[ɑmpumɑ·ɑukko]

prachtig (bn)	upea	[upeɑ]
majestueus (bn)	majesteetillinen	[mɑjeste:tillinen]

onneembaar (bn)	läpäisemätön	[læpæjsemætøn]
middeleeuws (bn)	keskiaikainen	[keskiɑjkɑjnen]

87. Appartement

appartement (het)	asunto	[asunto]
kamer (de)	huone	[huone]
slaapkamer (de)	makuuhuone	[maku:huone]
eetkamer (de)	ruokailuhuone	[ruokajlu·huone]
salon (de)	vierashuone	[uieras·huone]
studeerkamer (de)	työhuone	[työ·huone]

gang (de)	eteinen	[etejnen]
badkamer (de)	kylpyhuone	[kylpy·huone]
toilet (het)	vessa	[uessa]

plafond (het)	sisäkatto	[sisæ·katto]
vloer (de)	lattia	[lattia]
hoek (de)	nurkka	[nurkka]

88. Appartement. Schoonmaken

schoonmaken (ww)	siivota	[si:uota]
opbergen (in de kast, enz.)	korjata pois	[korjata pojs]
stof (het)	pöly	[pøly]
stoffig (bn)	pölyinen	[pølyjnen]
stoffen (ww)	pyyhkiä pölyt	[py:hkiæ pølyt]
stofzuiger (de)	pölynimuri	[pølyn·imuri]
stofzuigen (ww)	imuroida	[imurojda]

vegen (de vloer ~)	lakaista	[lakajsta]
veegsel (het)	roska	[roska]
orde (de)	kunto	[kunto]
wanorde (de)	epäjärjestys	[epæjærjestys]

zwabber (de)	lattiaharja	[lattia·harja]
poetsdoek (de)	rätti	[rætti]
veger (de)	luuta	[lu:ta]
stofblik (het)	rikkalapio	[rikka·lapio]

89. Meubels. Interieur

meubels (mv.)	huonekalut	[huone·kalut]
tafel (de)	pöytä	[pøytæ]
stoel (de)	tuoli	[tuoli]
bed (het)	sänky	[sæŋky]
bankstel (het)	sohva	[sohua]
fauteuil (de)	nojatuoli	[noja·tuoli]

boekenkast (de)	kaappi	[ka:ppi]
boekenrek (het)	hylly	[hylly]

kledingkast (de)	vaatekaappi	[ua:te·ka:ppi]
kapstok (de)	ripustin	[ripustin]

staande kapstok (de)	naulakko	[naulakko]
commode (de)	lipasto	[lipasto]
salontafeltje (het)	sohvapöytä	[sohʋa·pøjtæ]

spiegel (de)	peili	[pejli]
tapijt (het)	matto	[matto]
tapijtje (het)	pieni matto	[pjeni matto]

haard (de)	takka	[takka]
kaars (de)	kynttilä	[kynttilæ]
kandelaar (de)	kynttilänjalka	[kynttilæn·jalka]

gordijnen (mv.)	kaihtimet	[kajhtimet]
behang (het)	tapetit	[tapetit]
jaloezie (de)	rullaverhot	[rulle·ʋerhot]

bureaulamp (de)	pöytälamppu	[pøytæ·lamppu]
wandlamp (de)	seinävalaisin	[sejna·ʋalajsin]
staande lamp (de)	lattialamppu	[lattia·lamppu]
luchter (de)	kattokruunu	[katto·kru:nu]

poot (ov. een tafel, enz.)	jalka	[jalka]
armleuning (de)	käsinoja	[kæsi·noja]
rugleuning (de)	selkänoja	[selkænoja]
la (de)	vetolaatikko	[ʋeto·la:tikko]

90. Beddengoed

beddengoed (het)	vuodevaatteet	[ʋuode·ʋa:tte:t]
kussen (het)	tyyny	[ty:ny]
kussenovertrek (de)	tyynyliina	[ty:ny·li:na]
deken (de)	peitto, täkki	[pejto], [tækki]
laken (het)	lakana	[lakana]
sprei (de)	peite	[pejte]

91. Keuken

keuken (de)	keittiö	[kejttiø]
gas (het)	kaasu	[ka:su]
gasfornuis (het)	kaasuliesi	[ka:su·liesi]
elektrisch fornuis (het)	sähköhella	[sæhkø·hella]
oven (de)	paistinuuni	[pajstin·u:ni]
magnetronoven (de)	mikroaaltouuni	[mikro·a:ltou·u:ni]

koelkast (de)	jääkaappi	[jæ:ka:ppi]
diepvriezer (de)	pakastin	[pakastin]
vaatwasmachine (de)	astianpesukone	[astian·pesu·kone]

vleesmolen (de)	lihamylly	[liha·mylly]
vruchtenpers (de)	mehunpuristin	[mehun·puristin]
toaster (de)	leivänpaahdin	[lejʋæn·pa:hdin]
mixer (de)	sekoitin	[sekojtin]

koffiemachine (de)	kahvinkeitin	[kahuiŋ·kejtin]
koffiepot (de)	kahvipannu	[kahui·pannu]
koffiemolen (de)	kahvimylly	[kahui·mylly]

fluitketel (de)	teepannu	[te:pannu]
theepot (de)	teekannu	[te:kannu]
deksel (de/het)	kansi	[kansi]
theezeefje (het)	teesiivilä	[te:si:uilæ]

lepel (de)	lusikka	[lusikka]
theelepeltje (het)	teelusikka	[te:lusikka]
eetlepel (de)	ruokalusikka	[ruoka·lusikka]
vork (de)	haarukka	[ha:rukka]
mes (het)	veitsi	[uejtsi]

vaatwerk (het)	astiat	[astiat]
bord (het)	lautanen	[lautanen]
schoteltje (het)	teevati	[te:uati]

likeurglas (het)	shotti, snapsilasi	[shotti], [snapsi·lasi]
glas (het)	juomalasi	[juoma·lasi]
kopje (het)	kuppi	[kuppi]

suikerpot (de)	sokeriastia	[sokeri·astia]
zoutvat (het)	suola-astia	[suola·astia]
pepervat (het)	pippuriastia	[pippuri·astia]
boterschaaltje (het)	voi astia	[uoj astia]

pan (de)	kasari, kattila	[kasari], [kattila]
bakpan (de)	pannu	[pannu]
pollepel (de)	kauha	[kauha]
vergiet (de/het)	lävikkö	[læuikkø]
dienblad (het)	tarjotin	[tarjotin]

fles (de)	pullo	[pullo]
glazen pot (de)	lasitölkki	[lasi·tølkki]
blik (conserven~)	purkki	[purkki]

flesopener (de)	pullonavaaja	[pullon·aua:ja]
blikopener (de)	purkinavaaja	[purkin·aua:ja]
kurkentrekker (de)	korkkiruuvi	[korkki·ru:ui]
filter (de/het)	suodatin	[suodatin]
filteren (ww)	suodattaa	[suodatta:]

| huisvuil (het) | roska, jäte | [roska], [jæte] |
| vuilnisemmer (de) | roskasanko | [roska·saŋko] |

92. Badkamer

badkamer (de)	kylpyhuone	[kylpy·huone]
water (het)	vesi	[uesi]
kraan (de)	hana	[hana]
warm water (het)	kuuma vesi	[ku:ma uesi]
koud water (het)	kylmä vesi	[kylmæ uesi]

Nederlands	Fins	[uitspraak]
tandpasta (de)	hammastahna	[hɑmmɑsˈtɑhnɑ]
tanden poetsen (ww)	harjata hampaita	[hɑrjɑtɑ hɑmpɑjtɑ]
tandenborstel (de)	hammasharja	[hɑmmɑsˈhɑrjɑ]
zich scheren (ww)	ajaa parta	[ɑjɑː pɑrtɑ]
scheercrème (de)	partavaahto	[pɑrtɑˈʋɑːhto]
scheermes (het)	partahöylä	[pɑrtɑˈhøylæ]
wassen (ww)	pestä	[pestæ]
een bad nemen	peseytyä	[peseytyæ]
douche (de)	suihku	[suihku]
een douche nemen	käydä suihkussa	[kæydæ suihkussɑ]
bad (het)	amme, kylpyamme	[ɑmme], [kylpyɑmme]
toiletpot (de)	vessanpönttö	[ʋessɑnˈpønttø]
wastafel (de)	pesuallas	[pesuˈɑllɑs]
zeep (de)	saippua	[sɑippuɑ]
zeepbakje (het)	saippuakotelo	[sɑippuɑˈkotelo]
spons (de)	pesusieni	[pesuˈsieni]
shampoo (de)	sampoo	[sɑmpoː]
handdoek (de)	pyyhe	[pyːhe]
badjas (de)	kylpytakki	[kylpyˈtɑkki]
was (bijv. handwas)	pyykkäys	[pyːkkæys]
wasmachine (de)	pesukone	[pesuˈkone]
de was doen	pestä pyykkiä	[pestæ pyːkkiæ]
waspoeder (de)	pesujauhe	[pesuˈjɑuhe]

93. Huishoudelijke apparaten

Nederlands	Fins	[uitspraak]
televisie (de)	televisio	[teleʋisio]
cassettespeler (de)	nauhuri	[nɑuhuri]
videorecorder (de)	videonauhuri	[ʋideoˈnɑuhuri]
radio (de)	vastaanotin	[ʋɑstɑːnotin]
speler (de)	soitin	[soitin]
videoprojector (de)	projektori	[projektori]
home theater systeem (het)	kotiteatteri	[kotiteɑtteri]
DVD-speler (de)	DVD-soitin	[deʋede ˈsoitin]
versterker (de)	vahvistin	[ʋɑhʋistin]
spelconsole (de)	pelikonsoli	[peliˈkonsoli]
videocamera (de)	videokamera	[ʋideoˈkɑmerɑ]
fotocamera (de)	kamera	[kɑmerɑ]
digitale camera (de)	digitaalikamera	[digitɑːliˈkɑmerɑ]
stofzuiger (de)	pölynimuri	[pølynˈimuri]
strijkijzer (het)	silitysrauta	[silitysˈrɑutɑ]
strijkplank (de)	silityslauta	[silitysˈlɑutɑ]
telefoon (de)	puhelin	[puhelin]
mobieltje (het)	matkapuhelin	[mɑtkɑˈpuhelin]

schrijfmachine (de)	kirjoituskone	[kirjoitus·kone]
naaimachine (de)	ompelukone	[ompelu·kone]

microfoon (de)	mikrofoni	[mikrofoni]
koptelefoon (de)	kuulokkeet	[ku:lokke:t]
afstandsbediening (de)	kaukosäädin	[kauko·sæ:din]

CD (de)	CD-levy	[sede·leʋy]
cassette (de)	kasetti	[kasetti]
vinylplaat (de)	levy, vinyylilevy	[leʋy], [ʋiny:li·leʋy]

94. Reparaties. Renovatie

renovatie (de)	remontointi	[remontojnti]
renoveren (ww)	remontoida	[remontojda]
repareren (ww)	korjata	[korjata]
op orde brengen	panna järjestykseen	[panna jærjestykse:n]
overdoen (ww)	tehdä uudelleen	[tehdæ u:delle:n]

verf (de)	maali	[ma:li]
verven (muur ~)	maalata	[ma:lata]
schilder (de)	maalari	[ma:lari]
kwast (de)	pensseli	[pensseli]

kalk (de)	kalkkimaali	[kalkki·ma:li]
kalken (ww)	maalata kalkkimaalilla	[ma:lata kalkkima:lilla]

behang (het)	tapetit	[tapetit]
behangen (ww)	tapetoida	[tapetojda]
lak (de/het)	lakka	[lakka]
lakken (ww)	lakata	[lakata]

95. Loodgieterswerk

water (het)	vesi	[ʋesi]
warm water (het)	kuuma vesi	[ku:ma ʋesi]
koud water (het)	kylmä vesi	[kylmæ ʋesi]
kraan (de)	hana	[hana]

druppel (de)	pisara	[pisara]
druppelen (ww)	tippua	[tippua]
lekken (een lek hebben)	vuotaa	[ʋuota:]
lekkage (de)	vuoto	[ʋuoto]
plasje (het)	lätäkkö	[lætækkø]

buis, leiding (de)	putki	[putki]
stopkraan (de)	venttiili	[ʋentti:li]
verstopt raken (ww)	tukkeutua	[tukkeutua]

gereedschap (het)	työkalut	[tyø·kalut]
Engelse sleutel (de)	jakoavain	[jako·aʋajn]
losschroeven (ww)	kiertää irti	[kiertæ: irti]

aanschroeven (ww)	kiertää	[kærtæ:]
ontstoppen (riool, enz.)	avata	[auata]
loodgieter (de)	putkimies	[putkimies]
kelder (de)	kellari	[kellari]
riolering (de)	viemäri	[uiemæri]

96. Brand. Vuurzee

brand (de)	tulipalo	tuli·palo]
vlam (de)	liekki	[liekki]
vonk (de)	kipinä	[kipinæ]
rook (de)	savu	[sauu]
fakkel (de)	soihtu	[sojhtu]
kampvuur (het)	nuotio	[nuotio]

benzine (de)	bensiini	[bensi:ni]
kerosine (de)	paloöljy	[palo·øljy]
brandbaar (bn)	poltto-	[poltto]
ontplofbaar (bn)	räjähdysvaarallinen	[ræjæhdys·ua:rallinen]
VERBODEN TE ROKEN!	TUPAKOINTI KIELLETTY	[tupakojnti kielletty]

veiligheid (de)	turvallisuus	[turuallisu:s]
gevaar (het)	vaara	[ua:ra]
gevaarlijk (bn)	vaarallinen	[ua:rallinen]

in brand vliegen (ww)	syttyä	[syttyæ]
explosie (de)	räjähdys	[ræjæhdys]
in brand steken (ww)	sytyttää	[sytyttæ:]
brandstichter (de)	tuhopolttaja	[tuho·polttaja]
brandstichting (de)	tuhopoltto	[tuho·poltto]

vlammen (ww)	liekehtiä	[liekehtiæ]
branden (ww)	palaa	[pala:]
afbranden (ww)	palaa	[pala:]

brandweerman (de)	palomies	[palomies]
brandweerwagen (de)	paloauto	[palo·auto]
brandweer (de)	palokunta	[palo·kunta]
uitschuifbare ladder (de)	paloauton tikkaat	[palo·auton tikka:t]

brandslang (de)	paloletku	[palo·letku]
brandblusser (de)	tulensammutin	[tulen·sammutin]
helm (de)	kypärä	[kypæræ]
sirene (de)	sireeni	[sire:ni]

roepen (ww)	huutaa	[hu:ta:]
hulp roepen	kutsua avuksi	[kutsua auuksi]
redder (de)	pelastaja	[pelastaja]
redden (ww)	pelastaa	[pelasta:]

aankomen (per auto, enz.)	saapua	[sa:pua]
blussen (ww)	sammuttaa	[sammutta:]
water (het)	vesi	[uesi]
zand (het)	hiekka	[hiekka]

ruïnes (mv.)	rauniot	[rauniot]
instorten (gebouw, enz.)	romahtaa	[romahta:]
ineenstorten (ww)	luhistua	[luhistua]
inzakken (ww)	luhistua	[luhistua]
brokstuk (het)	pirstale	[pirstale]
as (de)	tuhka	[tuhka]
verstikken (ww)	tukehtua	[tukehtua]
omkomen (ww)	saada surmansa	[sa:da surmansa]

MENSELIJKE ACTIVITEITEN

Baan. Business. Deel 1

97. Bankieren

bank (de)	pankki	[paŋkki]
bankfiliaal (het)	osasto	[osasto]
bankbediende (de)	neuvoja	[neuʋoja]
manager (de)	johtaja	[johtaja]
bankrekening (de)	tili	[tili]
rekeningnummer (het)	tilinumero	[tili·numero]
lopende rekening (de)	käyttötili	[kæyttø·tili]
spaarrekening (de)	säästötili	[sæ:stø·tili]
een rekening openen	avata tili	[aʋata tili]
de rekening sluiten	kuolettaa tili	[kuoletta: tili]
op rekening storten	tallettaa rahaa tilille	[talletta: raha: tilille]
opnemen (ww)	nostaa rahaa tililtä	[nosta: raha: tililta]
storting (de)	talletus	[talletus]
een storting maken	tallettaa	[talletta:]
overschrijving (de)	rahansiirto	[rahan·si:rto]
een overschrijving maken	siirtää	[si:rtæ:]
som (de)	summa	[summa]
Hoeveel?	paljonko	[paljoŋko]
handtekening (de)	allekirjoitus	[alle·kirjoitus]
ondertekenen (ww)	allekirjoittaa	[allekirjoitta:]
kredietkaart (de)	luottokortti	[luotto·kortti]
code (de)	koodi	[ko:di]
kredietkaartnummer (het)	luottokortin numero	[luotto·kortin numero]
geldautomaat (de)	pankkiautomaatti	[paŋkki·automa:tti]
cheque (de)	sekki	[sekki]
een cheque uitschrijven	kirjoittaa sekki	[kirjoitta: sekki]
chequeboekje (het)	sekkivihko	[sekki·ʋihko]
lening, krediet (de)	laina	[lajna]
een lening aanvragen	hakea lainaa	[hakea lajna:]
een lening nemen	saada lainaa	[sa:da lajna:]
een lening verlenen	antaa lainaa	[anta: lajna:]
garantie (de)	takuu	[taku:]

98. Telefoon. Telefoongesprek

telefoon (de)	puhelin	[puhelin]
mobieltje (het)	matkapuhelin	[matka·puhelin]
antwoordapparaat (het)	puhelinvastaaja	[puhelin·vasta:ja]
bellen (ww)	soittaa	[sojtta:]
belletje (telefoontje)	soitto, puhelu	[sojtto], [puhelu]
een nummer draaien	valita numero	[valita numero]
Hallo!	Hei!	[hej]
vragen (ww)	kysyä	[kysyæ]
antwoorden (ww)	vastata	[vastata]
horen (ww)	kuulla	[ku:lla]
goed (bw)	hyvin	[hyvin]
slecht (bw)	huonosti	[huonosti]
storingen (mv.)	häiriöt	[hæjriøt]
hoorn (de)	kuuloke	[ku:loke]
opnemen (ww)	nostaa luuri	[nosta: lu:ri]
ophangen (ww)	lopettaa puhelu	[lopetta: puhelu]
bezet (bn)	varattu	[varattu]
overgaan (ww)	soittaa	[sojtta:]
telefoonboek (het)	puhelinluettelo	[puhelin·luettelo]
lokaal (bn)	paikallis-	[pajkallis]
lokaal gesprek (het)	paikallispuhelu	[pajkallis·puhelu]
interlokaal (bn)	kauko-	[kauko]
interlokaal gesprek (het)	kaukopuhelu	[kauko·puhelu]
buitenlands (bn)	ulkomaa	[ulkoma:]
buitenlands gesprek (het)	ulkomaanpuhelu	[ulkoma:n·puhelu]

99. Mobiele telefoon

mobieltje (het)	matkapuhelin	[matka·puhelin]
scherm (het)	näyttö	[næyttø]
toets, knop (de)	näppäin	[næppæjn]
simkaart (de)	SIM-kortti	[sim·kortti]
batterij (de)	paristo	[paristo]
leeg zijn (ww)	olla tyhjä	[olla tyhjæ]
acculader (de)	laturi	[laturi]
menu (het)	valikko	[valikko]
instellingen (mv.)	asetukset	[asetukset]
melodie (beltoon)	melodia	[melodia]
selecteren (ww)	valita	[valita]
rekenmachine (de)	laskin	[laskin]
voicemail (de)	puhelinvastaaja	[puhelin·vasta:ja]
wekker (de)	herätyskello	[herætys·kello]

contacten (mv.)	puhelinluettelo	[puĥelin·luettelo]
SMS-bericht (het)	tekstiviesti	[teksti·ʋiesti]
abonnee (de)	tilaaja	[tilɑ:jɑ]

100. Schrijfbehoeften

| balpen (de) | täytekynä | [tæyte·kynæ] |
| vulpen (de) | sulkakynä | [sulkɑ·kynæ] |

potlood (het)	lyijykynä	[lyjy·kynæ]
marker (de)	korostuskynä	[korostus·kynæ]
viltstift (de)	huopakynä	[huopɑ·kynæ]

| notitieboekje (het) | lehtiö | [lehtiø] |
| agenda (boekje) | päiväkirja | [pæjʋæ·kirjɑ] |

liniaal (de/het)	viivoitin	[ʋi:ʋojtin]
rekenmachine (de)	laskin	[lɑskin]
gom (de)	kumi	[kumi]
punaise (de)	nasta	[nɑstɑ]
paperclip (de)	paperiliitin	[pɑperi·li:tin]

lijm (de)	liima	[li:mɑ]
nietmachine (de)	nitoja	[nitojɑ]
perforator (de)	rei'itin	[rej·itin]
potloodslijper (de)	teroitin	[terojtin]

Baan. Business. Deel 2

101. Massamedia

krant (de)	lehti	[lehti]
tijdschrift (het)	aikakauslehti	[ajkakaus·lehti]
pers (gedrukte media)	lehdistö	[lehdistø]
radio (de)	radio	[radio]
radiostation (het)	radioasema	[radio·asema]
televisie (de)	televisio	[teleʋisio]

presentator (de)	juontaja	[juontaja]
nieuwslezer (de)	uutistenlukija	[uːtistenlukija]
commentator (de)	kommentoija	[kommentoja]

journalist (de)	lehtimies	[lehtimies]
correspondent (de)	kirjeenvaihtaja	[kirjeːn·ʋajhtaja]
fotocorrespondent (de)	lehtivalokuvaaja	[lehti·ʋalokuʋaːja]
reporter (de)	reportteri	[reportteri]

redacteur (de)	toimittaja	[tojmittaja]
chef-redacteur (de)	päätoimittaja	[pæːtojmittaja]

zich abonneren op	tilata	[tilata]
abonnement (het)	tilaus	[tilaus]
abonnee (de)	tilaaja	[tilaːja]
lezen (ww)	lukea	[lukea]
lezer (de)	lukija	[lukija]

oplage (de)	levikki	[leʋikke]
maand-, maandelijks (bn)	kuukautinen	[kuːkautinen]
wekelijks (bn)	viikoittainen	[ʋiːkojttajnen]
nummer (het)	numero	[numero]
vers (~ van de pers)	tuore	[tuore]

kop (de)	otsikko	[otsikko]
korte artikel (het)	pieni artikkeli	[pieni artikkeli]
rubriek (de)	palsta	[palsta]
artikel (het)	artikkeli	[artikkeli]
pagina (de)	sivu	[siʋu]

reportage (de)	reportaasi	[reportaːsi]
gebeurtenis (de)	tapahtuma	[tapahtuma]
sensatie (de)	sensaatio	[sensaːtio]
schandaal (het)	skandaali	[skandaːli]
schandalig (bn)	skandaalimainen	[skandaːlimajnen]
groot (~ schandaal, enz.)	suuri	[suːri]

programma (het)	ohjelma	[ohjelma]
interview (het)	haastattelu	[haːstattelu]

| live uitzending (de) | suora lähetys | [suora læɦetys] |
| kanaal (het) | kanava | [kanaʋa] |

102. Landbouw

landbouw (de)	maatalous	[ma:talous]
boer (de)	talonpoika	[talon·pojka]
boerin (de)	talonpoikaisnainen	[talon·pojkajs·najnen]
landbouwer (de)	farmari	[farmari]

| tractor (de) | traktori | [traktori] |
| maaidorser (de) | leikkuupuimuri | [lejkku:pujmuri] |

ploeg (de)	aura	[aura]
ploegen (ww)	kyntää	[kyntæ:]
akkerland (het)	kynnös	[kynnøs]
voor (de)	vako	[ʋako]

zaaien (ww)	kylvää	[kylʋæ:]
zaaimachine (de)	kylvökone	[kylʋø·kone]
zaaien (het)	kylvö	[kylʋø]

| zeis (de) | viikate | [ʋi:kate] |
| maaien (ww) | niittää | [ni:ttæ:] |

| schop (de) | lapio | [lapio] |
| spitten (ww) | kyntää | [kyntæ:] |

schoffel (de)	kuokka	[kuokka]
wieden (ww)	kitkeä	[kitkea]
onkruid (het)	rikkaruoho	[rikka·ruoho]

gieter (de)	kastelukannu	[kastelu·kannu]
begieten (water geven)	kastella	[kastella]
bewatering (de)	kastelu	[kastelu]

| riek, hooivork (de) | hanko | [haŋko] |
| hark (de) | harava | [haraʋa] |

kunstmest (de)	lannoite	[lannojte]
bemesten (ww)	lannoittaa	[lannojtta:]
mest (de)	lanta	[lanta]

veld (het)	pelto	[pelto]
wei (de)	niitty	[ni:tty]
moestuin (de)	kasvimaa	[kasʋima:]
boomgaard (de)	puutarha	[pu:tarha]

weiden (ww)	laiduntaa	[lajdunta:]
herder (de)	paimen	[pajmen]
weiland (de)	laidun	[lajdun]

| veehouderij (de) | karjanhoito | [karjan·hojto] |
| schapenteelt (de) | lampaanhoito | [lampa:n·hojto] |

plantage (de)	viljelys	[ʋiljelys]
rijtje (het)	rivi	[riʋi]
broeikas (de)	kasvihuone	[kɑsʋi·huone]

| droogte (de) | kuivuus | [kujʋu:s] |
| droog (bn) | kuiva | [kujʋɑ] |

graan (het)	vilja	[ʋiljɑ]
graangewassen (mv.)	viljat	[ʋiljɑt]
oogsten (ww)	korjata	[korjɑtɑ]

molenaar (de)	mylläri	[myllæri]
molen (de)	mylly	[mylly]
malen (graan ~)	jauhaa	[jɑuɦɑ:]
bloem (bijv. tarwebloem)	jauhot	[jɑuɦot]
stro (het)	olki	[olki]

103. Gebouw. Bouwproces

bouwplaats (de)	rakennustyömaa	[rɑkennus·tyø·mɑ:]
bouwen (ww)	rakentaa	[rɑkentɑ:]
bouwvakker (de)	rakentaja	[rɑkentɑjɑ]

project (het)	hanke	[hɑŋke]
architect (de)	arkkitehti	[ɑrkkitehti]
arbeider (de)	työläinen	[tyølæjnen]

fundering (de)	perusta, perustus	[perustɑ], [perustus]
dak (het)	katto	[kɑtto]
heipaal (de)	paalu	[pɑ:lu]
muur (de)	seinä	[sejnæ]

| betonstaal (het) | raudoitus | [rɑudojtus] |
| steigers (mv.) | rakennustelineet | [rɑkennus·teline:t] |

beton (het)	betoni	[betoni]
graniet (het)	graniitti	[grɑni:tti]
steen (de)	kivi	[kiʋi]
baksteen (de)	tiili	[ti:li]

zand (het)	hiekka	[hiekkɑ]
cement (de/het)	sementti	[sementti]
pleister (het)	rappauslaasti	[rɑppɑus·lɑ:sti]
pleisteren (ww)	rapata	[rɑpɑtɑ]

verf (de)	maali	[mɑ:li]
verven (muur ~)	maalata	[mɑ:lɑtɑ]
ton (de)	tynnyri	[tynnyri]

kraan (de)	nosturi	[nosturi]
heffen, hijsen (ww)	nostaa	[nostɑ:]
neerlaten (ww)	laskea	[lɑskeɑ]
bulldozer (de)	raivaustraktori	[rɑjʋɑus·trɑktori]
graafmachine (de)	kaivuri	[kɑjʋuri]

graafbak (de)	kauha	[kɑuɦɑ]
graven (tunnel, enz.)	kaivaa	[kɑjuɑ:]
helm (de)	suojakypärä	[suojɑ·kypæræ]

Beroepen en ambachten

104. Zoeken naar werk. Ontslag

baan (de)	työ	[tyø]
personeel (het)	henkilökunta	[heŋkilø·kunta]

carrière (de)	ura	[ura]
vooruitzichten (mv.)	mahdollisuudet	[mahdollisu:det]
meesterschap (het)	mestaruus	[mestaru:s]

keuze (de)	valinta	[valinta]
uitzendbureau (het)	työvoimatoimisto	[tyøvojma·tojmisto]
CV, curriculum vitae (het)	ansioluettelo	[ansio·luettelo]
sollicitatiegesprek (het)	työhaastattelu	[tyø·ha:stattelu]
vacature (de)	vakanssi	[vakanssi]

salaris (het)	palkka	[palkka]
vaste salaris (het)	kiinteä palkka	[ki:nteæ palkka]
loon (het)	maksu	[maksu]

betrekking (de)	virka	[virka]
taak, plicht (de)	velvollisuus	[velvollisu:s]
takenpakket (het)	velvollisuudet	[velvollisu:det]
bezig (~ zijn)	varattu	[varattu]

ontslagen (ww)	antaa potkut	[anta: potkut]
ontslag (het)	irtisanominen	[irtisanominen]

werkloosheid (de)	työttömyys	[tyøttømy:s]
werkloze (de)	työtön	[tyøtøn]
pensioen (het)	eläke	[elæke]
met pensioen gaan	jäädä eläkkeelle	[jæ:dæ elække:lle]

105. Zakenmensen

directeur (de)	johtaja	[johtaja]
beheerder (de)	johtaja	[johtaja]
hoofd (het)	esimies	[esimies]

baas (de)	päällikkö	[pæ:llikkø]
superieuren (mv.)	esimiehet	[esimiehet]
president (de)	presidentti	[presidentti]
voorzitter (de)	puheenjohtaja	[puhe:n·johtaja]

adjunct (de)	sijainen	[sijainen]
assistent (de)	apulainen	[apulajnen]
secretaris (de)	sihteeri	[sihte:ri]

persoonlijke assistent (de)	henkilökohtainen avustaja	[heŋkylø·kohtajnen auustaja]
zakenman (de)	liikemies	[li:kemies]
ondernemer (de)	yrittäjä	[yrittæjæ]
oprichter (de)	perustaja	[perustaja]
oprichten (een nieuw bedrijf ~)	perustaa	[perusta:]

stichter (de)	perustaja	[perustaja]
partner (de)	partneri	[partneri]
aandeelhouder (de)	osakkeenomistaja	[osakke:n·omistaja]

miljonair (de)	miljonääri	[miljonæ:ri]
miljardair (de)	miljardööri	[miljardø:ri]
eigenaar (de)	omistaja	[omistaja]
landeigenaar (de)	maanomistaja	[ma:n·omistaja]

klant (de)	asiakas	[asiakas]
vaste klant (de)	vakituinen asiakas	[uakitujnen asiakas]
koper (de)	ostaja	[ostaja]
bezoeker (de)	kävijä	[kæuijæ]

professioneel (de)	ammattilainen	[ammattilajnen]
expert (de)	asiantuntija	[asiantuntija]
specialist (de)	asiantuntija	[asiantuntija]

bankier (de)	pankkiiri	[paŋkki:ri]
makelaar (de)	pörssimeklari	[pørssi·meklari]

kassier (de)	kassanhoitaja	[kassan·hojtaja]
boekhouder (de)	kirjanpitäjä	[kirjan·pitæjæ]
bewaker (de)	vartija	[uartija]

investeerder (de)	sijoittaja	[sijoittaja]
schuldenaar (de)	velallinen	[uelallinen]
crediteur (de)	luotonantaja	[luoton·antaja]
lener (de)	lainanottaja	[lajnan·ottaja]

importeur (de)	maahantuoja	[ma:han·tuoja]
exporteur (de)	maastaviejä	[ma:stauiejæ]

producent (de)	tuottaja	[tuottaja]
distributeur (de)	jakelija	[jakelija]
bemiddelaar (de)	välittäjä	[uælittæjæ]

adviseur, consulent (de)	neuvoja	[neuuoja]
vertegenwoordiger (de)	edustaja	[edustaja]
agent (de)	asiamies	[asiamies]
verzekeringsagent (de)	vakuutusasiamies	[uaku:tus·asiamies]

106. Dienstverlenende beroepen

kok (de)	kokki	[kokki]
chef-kok (de)	keittiömestari	[kejttiø·mestari]
bakker (de)	leipuri	[lejpuri]

97

barman (de)	baarimestari	[bɑ:ri·mestɑri]
kelner, ober (de)	tarjoilija	[tɑrjoilijɑ]
serveerster (de)	tarjoilijatar	[tɑrjoilijɑtɑr]

advocaat (de)	asianajaja	[ɑsiɑnɑjɑjɑ]
jurist (de)	lakimies	[lɑkimies]
notaris (de)	notaari	[notɑ:ri]

elektricien (de)	sähkömies	[sæhkømies]
loodgieter (de)	putkimies	[putkimies]
timmerman (de)	kirvesmies	[kirʋesmies]

masseur (de)	hieroja	[hierojɑ]
masseuse (de)	naishieroja	[nɑjs·hierojɑ]
dokter, arts (de)	lääkäri	[læ:kæri]

taxichauffeur (de)	taksinkuljettaja	[tɑksiŋ·kuljettɑjɑ]
chauffeur (de)	kuljettaja	[kuljettɑjɑ]
koerier (de)	kuriiri	[kuri:ri]

kamermeisje (het)	huonesiivooja	[huone·si:ʋo:jɑ]
bewaker (de)	vartija	[ʋɑrtijɑ]
stewardess (de)	lentoemäntä	[lento·emæntæ]

meester (de)	opettaja	[opettɑjɑ]
bibliothecaris (de)	kirjastonhoitaja	[kirjɑston·hojtɑjɑ]
vertaler (de)	kääntäjä	[kæ:ntæjæ]
tolk (de)	tulkki	[tulkki]
gids (de)	opas	[opɑs]

kapper (de)	parturi	[pɑrturi]
postbode (de)	postinkantaja	[postiŋ·kɑntɑjɑ]
verkoper (de)	myyjä	[my:jæ]

tuinman (de)	puutarhuri	[pu:tɑrhuri]
huisbediende (de)	palvelija	[pɑlʋelijɑ]
dienstmeisje (het)	sisäkkö	[sisækkø]
schoonmaakster (de)	siivooja	[si:ʋo:jɑ]

107. Militaire beroepen en rangen

soldaat (rang)	sotamies	[sotɑmies]
sergeant (de)	kersantti	[kersɑntti]
luitenant (de)	luutnantti	[lu:tnɑntti]
kapitein (de)	kapteeni	[kɑpte:ni]

majoor (de)	majuri	[mɑjuri]
kolonel (de)	eversti	[eʋersti]
generaal (de)	kenraali	[kenrɑ:li]
maarschalk (de)	marsalkka	[mɑrsɑlkkɑ]
admiraal (de)	amiraali	[ɑmirɑ:li]

| militair (de) | sotilashenkilö | [sotilɑs·heŋkilø] |
| soldaat (de) | sotilas | [sotilɑs] |

| officier (de) | upseeri | [upse:ri] |
| commandant (de) | komentaja | [komentaja] |

grenswachter (de)	rajavartija	[raja·uartija]
marconist (de)	radisti	[radisti]
verkenner (de)	tiedustelija	[tiedustelija]
sappeur (de)	pioneeri	[pione:ri]
schutter (de)	ampuja	[ampuja]
stuurman (de)	perämies	[peræmies]

108. Ambtenaren. Priesters

| koning (de) | kuningas | [kuniŋas] |
| koningin (de) | kuningatar | [kuniŋatar] |

| prins (de) | prinssi | [prinssi] |
| prinses (de) | prinsessa | [prinsessa] |

| tsaar (de) | tsaari | [tsɑ:ri] |
| tsarina (de) | tsaaritar | [tsɑ:ritar] |

president (de)	presidentti	[presidentti]
minister (de)	ministeri	[ministeri]
eerste minister (de)	pääministeri	[pæ:ministeri]
senator (de)	senaattori	[senɑ:ttori]

diplomaat (de)	diplomaatti	[diplomɑ:tti]
consul (de)	konsuli	[konsuli]
ambassadeur (de)	suurlähettiläs	[su:r·læhettilæs]
adviseur (de)	neuvos	[neuuos]

ambtenaar (de)	virkamies	[uirkamies]
prefect (de)	prefekti	[prefekti]
burgemeester (de)	kaupunginjohtaja	[kaupuŋin·johtaja]

| rechter (de) | tuomari | [tuomari] |
| aanklager (de) | syyttäjä | [sy:ttæjæ] |

missionaris (de)	lähetystyöntekijä	[læhetys·työntekija]
monnik (de)	munkki	[muŋkki]
abt (de)	apotti	[apotti]
rabbi, rabbijn (de)	rabbi	[rabbi]

vizier (de)	visiiri	[uisi:ri]
sjah (de)	šaahi	[ʃɑ:hi]
sjeik (de)	šeikki	[ʃejkki]

109. Agrarische beroepen

imker (de)	mehiläishoitaja	[mehilæjs·hojtaja]
herder (de)	paimen	[pajmen]
landbouwkundige (de)	agronomi	[agronomi]

| veehouder (de) | karjanhoitaja | [karjan·hojtaja] |
| dierenarts (de) | eläinlääkäri | [elæjn·læ:kari] |

landbouwer (de)	farmari	[farmari]
wijnmaker (de)	viininvalmistaja	[ui:nin·ualmistaja]
zoöloog (de)	eläintieteilijä	[elæjn·tietejlijæ]
cowboy (de)	cowboy	[kauboj]

110. Kunst beroepen

| acteur (de) | näyttelijä | [næyttelijæ] |
| actrice (de) | näyttelijätär | [næyttelijætær] |

| zanger (de) | laulaja | [laulaja] |
| zangeres (de) | laulaja | [laulaja] |

| danser (de) | tanssija | [tanssija] |
| danseres (de) | tanssijatar | [tanssijatar] |

| artiest (mann.) | näyttelijä | [næyttelijæ] |
| artiest (vrouw.) | näyttelijätär | [næyttelijætær] |

muzikant (de)	muusikko	[mu:sikko]
pianist (de)	pianisti	[pianisti]
gitarist (de)	kitaransoittaja	[kitaran·sojttaja]

orkestdirigent (de)	kapellimestari	[kapelli·mestari]
componist (de)	säveltäjä	[sæueltæjæ]
impresario (de)	impressaari	[impressa:ri]

filmregisseur (de)	ohjaaja	[ohja:ja]
filmproducent (de)	elokuvatuottaja	[elokuua·tuottaja]
scenarioschrijver (de)	käsikirjoittaja	[kæsi·kirjoittaja]
criticus (de)	arvostelija	[aruostelija]

schrijver (de)	kirjailija	[kirjailija]
dichter (de)	runoilija	[runojlija]
beeldhouwer (de)	kuvanveistäjä	[kuuan·uejstæjæ]
kunstenaar (de)	taiteilija	[tajtejlija]

jongleur (de)	jonglööri	[joŋlø:ri]
clown (de)	klovni	[klouni]
acrobaat (de)	akrobaatti	[akroba:tti]
goochelaar (de)	taikuri	[tajkuri]

111. Verschillende beroepen

dokter, arts (de)	lääkäri	[læ:kæri]
ziekenzuster (de)	sairaanhoitaja	[sajra:n·hojtaja]
psychiater (de)	psykiatri	[psykiatri]
tandarts (de)	hammaslääkäri	[hammas·læ:kæri]
chirurg (de)	kirurgi	[kirurgi]

astronaut (de)	astronautti	[astronautti]
astronoom (de)	tähtitieteilijä	[tæhti·tietejlijæ]
piloot (de)	lentäjä	[lentæjæ]

chauffeur (de)	kuljettaja	[kuljettaja]
machinist (de)	junankuljettaja	[yneŋ·kuljettaja]
mecanicien (de)	mekaanikko	[meka:nikko]

mijnwerker (de)	kaivosmies	[kajuosmies]
arbeider (de)	työläinen	[tyølæjnen]
bankwerker (de)	lukkoseppä	[lukko·seppæ]
houtbewerker (de)	puuseppä	[pu:seppæ]
draaier (de)	sorvari	[soruari]
bouwvakker (de)	rakentaja	[rakentaja]
lasser (de)	hitsari	[hitsari]

professor (de)	professori	[professori]
architect (de)	arkkitehti	[arkkitehti]
historicus (de)	historioitsija	[historiojtsija]
wetenschapper (de)	tiedemies	[tiedemies]
fysicus (de)	fyysikko	[fy:sikko]
scheikundige (de)	kemisti	[kemisti]

archeoloog (de)	arkeologi	[arkeologi]
geoloog (de)	geologi	[geologi]
onderzoeker (de)	tutkija	[tutkija]

| babysitter (de) | lastenhoitaja | [lasten·hojtaja] |
| leraar, pedagoog (de) | pedagogi | [pedagogi] |

redacteur (de)	toimittaja	[tojmittaja]
chef-redacteur (de)	päätoimittaja	[pæ:tojmittaja]
correspondent (de)	kirjeenvaihtaja	[kirje:n·uajhtaja]
typiste (de)	konekirjoittaja	[kone·kirjoittaja]

designer (de)	muotoilija	[muotojlija]
computerexpert (de)	tietokoneasiantuntija	[tietokone·asiantuntija]
programmeur (de)	ohjelmoija	[ohjelmoja]
ingenieur (de)	insinööri	[insinø:ri]

matroos (de)	merimies	[merimies]
zeeman (de)	matruusi	[matru:si]
redder (de)	pelastaja	[pelastaja]

brandweerman (de)	palomies	[palomies]
politieagent (de)	poliisi	[poli:si]
nachtwaker (de)	vahti	[uahti]
detective (de)	etsivä	[etsiuæ]

douanier (de)	tullimies	[tullimies]
lijfwacht (de)	henkivartija	[heŋki·uartija]
gevangenisbewaker (de)	vanginvartija	[uaŋin·uartija]
inspecteur (de)	tarkastaja	[tarkastaja]

| sportman (de) | urheilija | [urhejlija] |
| trainer (de) | valmentaja | [ualmentaja] |

slager, beenhouwer (de)	**lihanleikkaaja**	[liħan·lejkka:ja]
schoenlapper (de)	**suutari**	[su:tari]
handelaar (de)	**kauppias**	[kauppjas]
lader (de)	**lastaaja**	[lasta:ja]
kledingstilist (de)	**muotisuunnittelija**	[muoti·su:nnittelija]
model (het)	**malli**	[malli]

112. Beroepen. Sociale status

scholier (de)	**koululainen**	[koululajnen]
student (de)	**ylioppilas**	[yli·oppilas]
filosoof (de)	**filosofi**	[filosofi]
econoom (de)	**taloustieteilijä**	[talous·tietejlijæ]
uitvinder (de)	**keksijä**	[keksijæ]
werkloze (de)	**työtön**	[tyøtøn]
gepensioneerde (de)	**eläkeläinen**	[elækelæjnen]
spion (de)	**vakoilija**	[vakojlija]
gedetineerde (de)	**vanki**	[vaŋki]
staker (de)	**lakkolainen**	[lakkolajnen]
bureaucraat (de)	**byrokraatti**	[byrokra:tti]
reiziger (de)	**matkailija**	[matkajlija]
homoseksueel (de)	**homoseksuaali**	[homoseksua:li]
hacker (computerkraker)	**hakkeri**	[hakkeri]
hippie (de)	**hippi**	[hippi]
bandiet (de)	**rosvo**	[rosvo]
huurmoordenaar (de)	**salamurhaaja**	[sala·murha:ja]
drugsverslaafde (de)	**narkomaani**	[narkoma:ni]
drugshandelaar (de)	**huumekauppias**	[hu:me·kauppias]
prostituee (de)	**prostituoitu**	[prostituojtu]
pooier (de)	**sutenööri**	[sutenø:ri]
tovenaar (de)	**noita**	[nojta]
tovenares (de)	**noita**	[nojta]
piraat (de)	**merirosvo**	[meri·rosvo]
slaaf (de)	**orja**	[orja]
samoerai (de)	**samurai**	[samuraj]
wilde (de)	**villi-ihminen**	[villi·ihminen]

Sport

113. Soorten sporten. Sporters

sportman (de)	urheilija	[urhejlija]
soort sport (de/het)	urheilulaji	[urhejlu·lajı]
basketbal (het)	koripallo	[koripallo]
basketbalspeler (de)	koripalloilija	[koripallojlija]
baseball (het)	baseball	[bejseboll]
baseballspeler (de)	baseball pelaaja	[bejseboll pela:ja]
voetbal (het)	jalkapallo	[jalka·pallo]
voetballer (de)	jalkapalloilija	[jalka·pallojlija]
doelman (de)	maalivahti	[ma:li·vahti]
hockey (het)	jääkiekko	[jæ:kækko]
hockeyspeler (de)	jääkiekkoilija	[jæ:kiekkojlija]
volleybal (het)	lentopallo	[lento·pallo]
volleybalspeler (de)	lentopalloilija	[lento·pallojlija]
boksen (het)	nyrkkeily	[nyrkkejly]
bokser (de)	nyrkkeilijä	[nyrkkejlijæ]
worstelen (het)	paini	[pajni]
worstelaar (de)	painija	[pajnija]
karate (de)	karate	[karate]
karateka (de)	karateka	[karateka]
judo (de)	judo	[judo]
judoka (de)	judoka	[judoka]
tennis (het)	tennis	[tennis]
tennisspeler (de)	tennispelaaja	[tennis·pela:ja]
zwemmen (het)	uinti	[ujnti]
zwemmer (de)	uimari	[ujmari]
schermen (het)	miekkailu	[miekkajlu]
schermer (de)	miekkailija	[miekkajlija]
schaak (het)	šakki	[ʃakki]
schaker (de)	šakinpelaaja	[ʃakin·pela:ja]
alpinisme (het)	vuorikiipeily	[ʋuori·ki:pejly]
alpinist (de)	vuorikiipeilijä	[ʋuori·ki:pejlijæ]
hardlopen (het)	juoksu	[juoksu]

renner (de)	juoksija	[juoksija]
atletiek (de)	yleisurheilu	[ylejsurhejlu]
atleet (de)	yleisurheilija	[ylejsurhejlija]

| paardensport (de) | ratsastusurheilu | [ratsastus·urhejlu] |
| ruiter (de) | ratsastaja | [ratsastaja] |

kunstschaatsen (het)	taitoluistelu	[tajto·lujstelu]
kunstschaatser (de)	taitoluistelija	[tajto·lujstelija]
kunstschaatsster (de)	taitoluistelija	[tajto·lujstelija]

| gewichtheffen (het) | painonnosto | [pajnon·nosto] |
| gewichtheffer (de) | painonnostaja | [pajnon·nostaja] |

| autoraces (mv.) | kilpa-autoilu | [kilpa·autojlu] |
| coureur (de) | kilpa-ajaja | [kilpa·ajaja] |

| wielersport (de) | pyöräily | [pyøræjly] |
| wielrenner (de) | pyöräilijä | [pyøræjlijæ] |

verspringen (het)	pituushyppy	[pitu:s·hyppy]
polsstokspringen (het)	seiväshyppy	[sejuæs·hyppy]
verspringer (de)	hyppääjä	[hyppæ:jæ]

114. Soorten sporten. Diversen

Amerikaans voetbal (het)	Amerikkalainen jalkapallo	[amerikkalajnen jalkapallo]
badminton (het)	sulkapallo	[sulka·pallo]
biatlon (de)	ampumahiihto	[ampuma·hi:hto]
biljart (het)	biljardi	[biljardi]

bobsleeën (het)	rattikelkka	[ratti·kelkka]
bodybuilding (de)	kehonrakennus	[kehon·rakennus]
waterpolo (het)	vesipallo	[uesi·pallo]
handbal (de)	käsipallo	[kæsi·pallo]
golf (het)	golf	[golf]

roeisport (de)	soutu	[soutu]
duiken (het)	sukellus	[sukellus]
langlaufen (het)	murtomaahiihto	[murtoma:hi:hto]
tafeltennis (het)	pöytätennis	[pøytæ·tennis]

zeilen (het)	purjehdus	[purjehdus]
rally (de)	ralli	[ralli]
rugby (het)	rugby	[ragbi]
snowboarden (het)	lumilautailu	[lumi·lautajlu]
boogschieten (het)	jousiammunta	[jousiam·munta]

115. Fitnessruimte

| lange halter (de) | painonnostotanko | [pajnonnosto·taŋko] |
| halters (mv.) | käsipainot | [kæsi·pajnot] |

training machine (de)	kuntolaite	[kunto·lɑjte]
hometrainer (de)	kuntopyörä	[kunto·pyøræ]
loopband (de)	juoksumatto	[juoksu·matto]

rekstok (de)	rekki	[rekki]
brug (de) gelijke leggers	nojapuut	[noja·puːt]
paardsprong (de)	hevonen	[heʋonen]
mat (de)	matto	[matto]

springtouw (het)	hyppynaru	[hyppynɑru]
aerobics (de)	aerobic	[ɑerobik]
yoga (de)	jooga	[joːgɑ]

116. Sporten. Diversen

Olympische Spelen (mv.)	Olympiakisat	[olympia·kisat]
winnaar (de)	voittaja	[ʋojttɑjɑ]
overwinnen (ww)	voittaa	[ʋojttɑː]
winnen (ww)	voittaa	[ʋojttɑː]

| leider (de) | johtaja | [johtɑjɑ] |
| leiden (ww) | johtaa | [johtɑː] |

eerste plaats (de)	ensimmäinen sija	[ensimmæjnen sijɑ]
tweede plaats (de)	toinen sija	[tojnen sijɑ]
derde plaats (de)	kolmas sija	[kolmɑs sijɑ]

medaille (de)	mitali	[mitɑli]
trofee (de)	saalis	[sɑːlis]
beker (de)	pokaali	[pokɑːli]
prijs (de)	palkinto	[pɑlkinto]
hoofdprijs (de)	pääpalkinto	[pæːpɑlkinto]

| record (het) | ennätys | [ennætys] |
| een record breken | saavuttaa ennätys | [sɑːʋutta: ennætys] |

| finale (de) | finaali, loppuottelu | [finɑːli], [loppu·ottelu] |
| finale (bn) | finaali- | [finɑːli] |

| kampioen (de) | mestari | [mestɑri] |
| kampioenschap (het) | mestaruuskilpailut | [mestɑruːs·kilpɑjlut] |

stadion (het)	stadion	[stɑdion]
tribune (de)	katsomo	[kɑtsomo]
fan, supporter (de)	penkkiurheilija	[peŋkki·urhejlijɑ]
tegenstander (de)	vastustaja	[ʋɑstustɑjɑ]

| start (de) | lähtö | [læhtø] |
| finish (de) | maali | [mɑːli] |

nederlaag (de)	häviö	[hæʋiø]
verliezen (ww)	hävitä	[hæʋitæ]
rechter (de)	erotuomari	[erotuomɑri]
jury (de)	tuomaristo	[tuomɑristo]

stand (~ is 3-1)	tilanne, tulos	[tilanne], [tulos]
gelijkspel (het)	tasapeli	[tasa·peli]
in gelijk spel eindigen	pelata tasan	[pelata tasan]
punt (het)	piste	[piste]
uitslag (de)	tulos	[tulos]
pauze (de)	väliaika, puoliaika	[uæli·ajka], [puoli·ajka]
doping (de)	doping	[dopiŋ]
straffen (ww)	rangaista	[raŋajsta]
diskwalificeren (ww)	diskvalifioida	[diskualifiojda]
toestel (het)	teline	[teline]
speer (de)	keihäs	[kejhæs]
kogel (de)	kuula	[kuːla]
bal (de)	pallo	[pallo]
doel (het)	maali	[maːli]
schietkaart (de)	maali	[maːli]
schieten (ww)	ampua	[ampua]
precies (bijv. precieze schot)	tarkka	[tarkka]
trainer, coach (de)	valmentaja	[ualmentaja]
trainen (ww)	valmentaa	[ualmentaː]
zich trainen (ww)	valmentautua	[ualmentautua]
training (de)	valmennus	[ualmennus]
gymnastiekzaal (de)	voimistelusali	[uojmistelu·sali]
oefening (de)	liikunta, harjoittelu	liːkunta, harjoittelu
opwarming (de)	lämmittely	[læmmittely]

Onderwijs

117. School

school (de)	koulu	[koulu]
schooldirecteur (de)	rehtori	[rehtori]
leerling (de)	oppilas	[oppilas]
leerlinge (de)	tyttöoppilas	[tyttø·oppilas]
scholier (de)	koululainen	[koululajnen]
scholiere (de)	koululainen	[koululajnen]
leren (lesgeven)	opettaa	[opettɑ:]
studeren (bijv. een taal ~)	opetella	[opetella]
van buiten leren	opetella ulkoa	[opetella ulkoa]
leren (bijv. ~ tellen)	opiskella	[opiskella]
in school zijn	käydä koulua	[kæydæ koulua]
(schooljongen zijn)		
naar school gaan	mennä kouluun	[mennæ koulu:n]
alfabet (het)	aakkoset	[ɑ:kkoset]
vak (schoolvak)	oppiaine	[oppiajne]
klaslokaal (het)	luokka	[luokka]
les (de)	tunti	[tunti]
pauze (de)	välitunti	[ʋæli·tunti]
bel (de)	soitto	[sojtto]
schooltafel (de)	pulpetti	[pulpetti]
schoolbord (het)	liitutaulu	[li:tu·taulu]
cijfer (het)	arvosana	[arʋosana]
goed cijfer (het)	hyvä arvosana	[hyʋæ arʋosana]
slecht cijfer (het)	huono arvosana	[huono arʋosana]
een cijfer geven	merkitä arvosana	[merkitæ arʋosana]
fout (de)	virhe	[ʋirhe]
fouten maken	tehdä virheet	[tehdæ ʋirhe:t]
corrigeren (fouten ~)	korjata	[korjata]
spiekbriefje (het)	lunttilappu	[luntti·lappu]
huiswerk (het)	kotitehtävä	[koti·tehtæʋæ]
oefening (de)	harjoitus	[harjoitus]
aanwezig zijn (ww)	olla läsnä	[olla læsnæ]
absent zijn (ww)	olla poissa	[olla pojssa]
bestraffen (een stout kind ~)	rangaista	[raŋajsta]
bestraffing (de)	rangaistus	[raŋajstus]
gedrag (het)	käytös	[kæytøs]

cijferlijst (de)	oppilaan päiväkirja	[oppilɑ:n pæjʋæ·kirjɑ]
potlood (het)	lyijykynä	[lyjy·kynæ]
gom (de)	kumi	[kumi]
krijt (het)	liitu	[li:tu]
pennendoos (de)	kynäkotelo	[kynæ·kotelo]

boekentas (de)	salkku	[sɑlkku]
pen (de)	kynä	[kynæ]
schrift (de)	vihko	[ʋihko]
leerboek (het)	oppikirja	[oppi·kirjɑ]
passer (de)	harppi	[hɑrppi]

technisch tekenen (ww)	piirtää	[pi:rtæ:]
technische tekening (de)	piirustus	[pi:rustus]

gedicht (het)	runo	[runo]
van buiten (bw)	ulkoa	[ulkoɑ]
van buiten leren	opetella ulkoa	[opetellɑ ulkoɑ]

vakantie (de)	loma	[lomɑ]
met vakantie zijn	olla lomalla	[ollɑ lomɑllɑ]

toets (schriftelijke ~)	kirjallinen koe	[kirjɑllinen koe]
opstel (het)	ainekirjoitus	[ɑjne·kirjoitus]
dictee (het)	sanelu	[sɑnelu]

examen (het)	koe	[koe]
examen afleggen	tenttiä	[tenttiæ]
experiment (het)	koe	[koe]

118. Hogeschool. Universiteit

academie (de)	akatemia	[ɑkɑtemiɑ]
universiteit (de)	yliopisto	[yli·opisto]
faculteit (de)	tiedekunta	[tiede·kuntɑ]

student (de)	opiskelija	[opiskelijɑ]
studente (de)	opiskelija	[opiskelijɑ]
leraar (de)	opettaja	[opettɑjɑ]

collegezaal (de)	luentosali	[luento·sɑli]
afgestudeerde (de)	valmistunut	[ʋɑlmistunut]

diploma (het)	diplomi	[diplomi]
dissertatie (de)	väitöskirja	[ʋæjtøs·kirjɑ]

onderzoek (het)	tutkimus	[tutkimus]
laboratorium (het)	laboratorio	[lɑborɑtorio]

college (het)	luento	[luento]
medestudent (de)	kurssitoveri	[kurssi·toʋeri]

studiebeurs (de)	opintotuki	[opinto·tuki]
academische graad (de)	oppiarvo	[oppi·arʋo]

119. Wetenschappen. Disciplines

wiskunde (de)	matematiikka	[matemati:kka]
algebra (de)	algebra	[algebra]
meetkunde (de)	geometria	[geometria]

astronomie (de)	tähtitiede	[tæhti·tiede]
biologie (de)	biologia	[biologia]
geografie (de)	maantiede	[ma:n·tiede]
geologie (de)	geologia	[geologia]
geschiedenis (de)	historia	[historia]

geneeskunde (de)	lääketiede	[læ:ke·tiede]
pedagogiek (de)	pedagogiikka	[pedagogi:kka]
rechten (mv.)	oikeustiede	[ojkeus·tiede]

fysica, natuurkunde (de)	fysiikka	[fysi:kka]
scheikunde (de)	kemia	[kemia]
filosofie (de)	filosofia	[filosofia]
psychologie (de)	psykologia	[psykologia]

120. Schrift. Spelling

grammatica (de)	kielioppi	[kieli·oppi]
vocabulaire (het)	sanasto	[sanasto]
fonetiek (de)	fonetiikka	[foneti:kka]

zelfstandig naamwoord (het)	substantiivi	[substanti:ʋi]
bijvoeglijk naamwoord (het)	adjektiivi	[adjekti:ʋi]
werkwoord (het)	verbi	[ʋerbi]
bijwoord (het)	adverbi	[adʋerbi]

voornaamwoord (het)	pronomini	[pronomini]
tussenwerpsel (het)	interjektio	[interjektio]
voorzetsel (het)	prepositio	[prepositio]

stam (de)	sanan vartalo	[sanan ʋartalo]
achtervoegsel (het)	pääte	[pæ:te]
voorvoegsel (het)	etuliite	[etuli:te]
lettergreep (de)	tavu	[taʋu]
achtervoegsel (het)	suffiksi, jälkiliite	[suffiksi], [jælkili:te]

| nadruk (de) | paino | [pajno] |
| afkappingsteken (het) | heittomerkki | [hejtto·merkki] |

punt (de)	piste	[piste]
komma (de/het)	pilkku	[pilkku]
puntkomma (de)	puolipiste	[puoli·piste]
dubbelpunt (de)	kaksoispiste	[kaksojs·piste]
beletselteken (het)	pisteryhmä	[piste·ryhmæ]

| vraagteken (het) | kysymysmerkki | [kysymys·merkki] |
| uitroepteken (het) | huutomerkki | [hu:to·merkki] |

aanhalingstekens (mv.)	lainausmerkit	[lajnaus·merkit]
tussen aanhalingstekens (bw)	lainausmerkeissä	[lajnaus·merkejssæ]
haakjes (mv.)	sulkumerkit	[sulku·merkit]
tussen haakjes (bw)	sulkumerkeissä	[sulku·merkejssæ]
streepje (het)	tavuviiva	[tauu·ʋi:ʋa]
gedachtestreepje (het)	ajatusviiva	[ajatus·ʋi:ʋa]
spatie	väli	[ʋæli]
(~ tussen twee woorden)		
letter (de)	kirjain	[kirjain]
hoofdletter (de)	iso kirjain	[iso kirjain]
klinker (de)	vokaali	[ʋoka:li]
medeklinker (de)	konsonantti	[konsonantti]
zin (de)	lause	[lause]
onderwerp (het)	subjekti	[subjekti]
gezegde (het)	predikaatti	[predika:tti]
regel (in een tekst)	rivi	[riʋi]
op een nieuwe regel (bw)	uudella rivillä	[u:dela riʋilla]
alinea (de)	kappale	[kappale]
woord (het)	sana	[sana]
woordgroep (de)	sanaliitto	[sana·li:tto]
uitdrukking (de)	sanonta	[sanonta]
synoniem (het)	synonyymi	[synony:mi]
antoniem (het)	antonyymi	[antony:mi]
regel (de)	sääntö	[sæ:ntø]
uitzondering (de)	poikkeus	[pojkkeus]
correct (bijv. ~e spelling)	oikea	[ojkea]
vervoeging, conjugatie (de)	verbien taivutus	[ʋerbien tajuutus]
verbuiging, declinatie (de)	nominien taivutus	[nominien tajuutus]
naamval (de)	sija	[sija]
vraag (de)	kysymys	[kysymys]
onderstrepen (ww)	alleviivata	[alleʋi:ʋata]
stippellijn (de)	pisteviiva	[piste·ʋi:ʋa]

121. Vreemde talen

taal (de)	kieli	[kieli]
vreemd (bn)	vieras	[ʋieras]
vreemde taal (de)	vieras kieli	[ʋieras kieli]
leren (bijv. van buiten ~)	opiskella	[opiskella]
studeren (Nederlands ~)	opetella	[opetella]
lezen (ww)	lukea	[lukea]
spreken (ww)	puhua	[puhua]
begrijpen (ww)	ymmärtää	[ymmærtæ:]
schrijven (ww)	kirjoittaa	[kirjoitta:]
snel (bw)	nopeasti	[nopeasti]

| langzaam (bw) | hitaasti | [hitɑːsti] |
| vloeiend (bw) | sujuvasti | [sujuvɑsti] |

regels (mv.)	säännöt	[sæːnnøt]
grammatica (de)	kielioppi	[kieli·oppi]
vocabulaire (het)	sanasto	[sɑnɑsto]
fonetiek (de)	fonetiikka	[fonetiːkkɑ]

leerboek (het)	oppikirja	[oppi·kirjɑ]
woordenboek (het)	sanakirja	[sɑnɑ·kirjɑ]
leerboek (het) voor zelfstudie	itseopiskeluopas	[itseopiskelu·opɑs]
taalgids (de)	fraasisanakirja	[frɑːsi·sɑnɑ·kirjɑ]

cassette (de)	kasetti	[kɑsetti]
videocassette (de)	videokasetti	[video·kɑsetti]
CD (de)	CD-levy	[sede·levy]
DVD (de)	DVD-levy	[devede·levy]

alfabet (het)	aakkoset	[ɑːkkoset]
spellen (ww)	kirjoittaa	[kirjoittɑː]
uitspraak (de)	artikulaatio	[ɑrtikulɑːtio]

accent (het)	korostus	[korostus]
met een accent (bw)	vieraasti korostaen	[vierɑːsti korostɑen]
zonder accent (bw)	ilman korostusta	[ilmɑn korostustɑ]

| woord (het) | sana | [sɑnɑ] |
| betekenis (de) | merkitys | [merkitys] |

cursus (de)	kurssi	[kurssi]
zich inschrijven (ww)	ilmoittautua	[ilmojttɑutuɑ]
leraar (de)	opettaja	[opettɑjɑ]

vertaling (een ~ maken)	kääntäminen	[kæːntæminen]
vertaling (tekst)	käännös	[kæːnnøs]
vertaler (de)	kääntäjä	[kæːntæjæ]
tolk (de)	tulkki	[tulkki]

| polyglot (de) | monikielinen | [moni·kielinen] |
| geheugen (het) | muisti | [mujsti] |

122. Sprookjesfiguren

Sinterklaas (de)	Joulupukki	[joulu·pukki]
Assepoester (de)	Tuhkimo	[tuhkimo]
zeemeermin (de)	merenneito	[meren·nejto]
Neptunus (de)	Neptunus	[neptunus]

magiër, tovenaar (de)	taikuri	[tɑjkuri]
goede heks (de)	hyvä noita	[hyvɑ nojtɑ]
magisch (bn)	taika-	[tɑjkɑ]
toverstokje (het)	taikasauva	[tɑjkɑ·sɑuvɑ]
sprookje (het)	satu	[sɑtu]
wonder (het)	ihme	[ihme]

dwerg (de)	tonttu	[tonttu]
veranderen in ... (anders worden)	muuttua ...	[muːttua]

geest (de)	kummitus	[kummitus]
spook (het)	haamu	[haːmu]
monster (het)	hirviö	[hirʋiø]
draak (de)	lohikäärme	[lohiˑkæːrme]
reus (de)	jättiläinen	[jættilæjnen]

123. Dierenriem

Ram (de)	Oinas	[ojnas]
Stier (de)	Härkä	[hærkæ]
Tweelingen (mv.)	Kaksoset	[kaksoset]
Kreeft (de)	Krapu	[krapu]
Leeuw (de)	Leijona	[leijona]
Maagd (de)	Neitsyt	[nejtsyt]

Weegschaal (de)	Vaaka	[ʋaːka]
Schorpioen (de)	Skorpioni	[skorpioni]
Boogschutter (de)	Jousimies	[jousimies]
Steenbok (de)	Kauris	[kauris]
Waterman (de)	Vesimies	[ʋesimies]
Vissen (mv.)	Kalat	[kalat]

karakter (het)	luonne	[luonne]
karaktertrekken (mv.)	luonteenpiirteet	[luonteːnˑpiːrteːt]
gedrag (het)	käytös	[kæytøs]
waarzeggen (ww)	ennustaa	[ennustaː]
waarzegster (de)	ennustaja	[ennustaja]
horoscoop (de)	horoskooppi	[horoskoːppi]

Kunst

124. Theater

theater (het)	teatteri	[teatteri]
opera (de)	ooppera	[oːppera]
operette (de)	operetti	[operetti]
ballet (het)	baletti	[baletti]

affiche (de/het)	juliste	[juliste]
theatergezelschap (het)	seurue	[seurue]
tournee (de)	kiertue	[kjertue]
op tournee zijn	mennä kiertueelle	[mennæ kiertueːlle]
repeteren (ww)	harjoitella	[harjoitella]
repetitie (de)	harjoitus	[harjoitus]
repertoire (het)	ohjelmisto	[ohjelmisto]

voorstelling (de)	esitys	[esitys]
spektakel (het)	näytelmä	[næytelmæ]
toneelstuk (het)	näytelmä	[næytelmæ]

biljet (het)	lippu	[lippu]
kassa (de)	lippukassa	[lippu·kassa]
foyer (de)	aula	[aula]
garderobe (de)	narikka	[narikka]
garderobe nummer (het)	vaatelappu	[vaːte·lappu]
verrekijker (de)	kiikari	[kiːkari]
plaatsaanwijzer (de)	tarkastaja	[tarkastaja]

parterre (de)	permanto	[permanto]
balkon (het)	parveke	[parveke]
gouden rang (de)	ensi parvi	[ensi parvi]
loge (de)	aitio	[ajtio]
rij (de)	rivi	[rivi]
plaats (de)	paikka	[pajkka]

publiek (het)	yleisö	[ylejsø]
kijker (de)	katsoja	[katsoja]
klappen (ww)	taputtaa	[taputtaː]
applaus (het)	aplodit	[aplodit]
ovatie (de)	suosionosoitukset	[suosion·osojtukset]

toneel (op het ~ staan)	näyttämö	[næyttæmø]
gordijn, doek (het)	esirippu	[esirippu]
toneeldecor (het)	lavastus	[lavastus]
backstage (de)	kulissit	[kulissit]

scène (de)	kohtaus	[kohtaus]
bedrijf (het)	näytös	[næytøs]
pauze (de)	väliaika	[væliajka]

125. Bioscoop

acteur (de)	näyttelijä	[næyttelijæ]
actrice (de)	näyttelijätär	[næyttelijætær]
bioscoop (de)	elokuvat	[elokuʋat]
speelfilm (de)	elokuva	[elokuʋa]
aflevering (de)	episodi	[episodi]
detectivefilm (de)	dekkari	[dekkari]
actiefilm (de)	toimintaelokuva	[tojminta·elokuʋa]
avonturenfilm (de)	seikkailuelokuva	[sejkkajlu·elokuʋa]
sciencefictionfilm (de)	tieteisfiktioelokuva	[tjetesfiktio·elokuʋa]
griezelfilm (de)	kauhuelokuva	[kauħu·elokuʋa]
komedie (de)	komedia	[komedia]
melodrama (het)	melodraama	[melodrɑːma]
drama (het)	draama	[drɑːma]
speelfilm (de)	näytelmäelokuva	[næytelmæ·elokuʋa]
documentaire (de)	dokumenttielokuva	[dokumentti·elokuʋa]
tekenfilm (de)	piirrosfilmi	[piːrros·filmi]
stomme film (de)	mykkäelokuva	[mykkæ·elokuʋa]
rol (de)	osa, rooli	[osa], [roːli]
hoofdrol (de)	päärooli	[pæːroːli]
spelen (ww)	näytellä	[næytellæ]
filmster (de)	filmitähti	[filmi·tæhti]
bekend (bn)	tunnettu	[tunnettu]
beroemd (bn)	kuulu	[kuːlu]
populair (bn)	suosittu	[suosittu]
scenario (het)	käsikirjoitus	[kæsi·kirjoitus]
scenarioschrijver (de)	käsikirjoittaja	[kæsi·kirjoittaja]
regisseur (de)	ohjaaja	[ohjɑːja]
filmproducent (de)	elokuvatuottaja	[elokuʋa·tuottaja]
assistent (de)	avustaja	[aʋustaja]
cameraman (de)	kameramies	[kameramies]
stuntman (de)	stuntti	[stuntti]
stuntdubbel (de)	sijaisnäyttelijä	[sijajs·næyttelijæ]
een film maken	elokuvata	[elokuʋata]
auditie (de)	koe-esiintyminen	[koe·esiːntyminen]
opnamen (mv.)	filmaaminen	[filmɑːminen]
filmploeg (de)	filmausryhmä	[filmaus·ryhmæ]
filmset (de)	filmauskenttä	[filmaus·kenttæ]
filmcamera (de)	elokuvakamera	[elokuʋa·kamera]
bioscoop (de)	elokuvateatteri	[elokuʋa·teatteri]
scherm (het)	valkokangas	[ʋalko·kaŋas]
een film vertonen	esittää elokuvaa	[esittæː elokuʋaː]
geluidsspoor (de)	ääniraita	[æːni·rajta]
speciale effecten (mv.)	erikoistehosteet	[erikojs·teħoste:t]

ondertiteling (de)	tekstitykset	[tekstitykset]
voortiteling, aftiteling (de)	lopputekstit	[loppu·tekstit]
vertaling (de)	käännös	[kæ:nnøs]

126. Schilderij

kunst (de)	taide	[tɑjde]
schone kunsten (mv.)	kaunotaiteet	[kɑuno·tɑjte:t]
kunstgalerie (de)	taidegalleria	[tɑide·gɑlleria]
kunsttentoonstelling (de)	taidenäyttely	[tɑjde·næyttely]

schilderkunst (de)	maalaustaide	[mɑ:lɑus·tɑjde]
grafiek (de)	taidegrafiikka	[tɑjde·grɑfi:kkɑ]
abstracte kunst (de)	abstrakti taide	[abstrakti tɑjde]
impressionisme (het)	impressionismi	[impressionismi]

schilderij (het)	taulu	[tɑulu]
tekening (de)	piirros	[pi:rros]
poster (de)	juliste	[juliste]

illustratie (de)	kuva	[kuʋɑ]
miniatuur (de)	miniatyyri	[miniɑty:ri]
kopie (de)	kopio	[kopio]
reproductie (de)	jäljennös	[jæljennøs]

mozaïek (het)	mosaiikki	[mosɑi:kki]
gebrandschilderd glas (het)	lasimaalaus	[lɑsi·mɑ:lɑus]
fresco (het)	fresko	[fresko]
gravure (de)	kaiverrus	[kɑjʋerrus]

buste (de)	rintakuva	[rinta·kuʋɑ]
beeldhouwwerk (het)	kuvanveisto	[kuʋɑn·ʋejsto]
beeld (bronzen ~)	kuvapatsas	[kuʋɑ·pɑtsɑs]
gips (het)	kipsi	[kipsi]
gipsen (bn)	kipsinen	[kipsinen]

portret (het)	muotokuva	[muoto·kuʋɑ]
zelfportret (het)	omakuva	[omɑ·kuʋɑ]
landschap (het)	maisemakuva	[mɑjsema·kuʋɑ]
stilleven (het)	asetelma	[ɑsetelmɑ]
karikatuur (de)	pilakuva	[pilɑ·kuʋɑ]
schets (de)	hahmotelma	[hɑhmotelmɑ]

verf (de)	maali	[mɑ:li]
aquarel (de)	akvarelliväri	[ɑkʋɑrelli·ʋæri]
olieverf (de)	öljyväri	[øljy·ʋæri]
potlood (het)	lyijykynä	[lyjy·kynæ]
Oost-Indische inkt (de)	tussi	[tussi]
houtskool (de)	hiili	[hi:li]

tekenen (met krijt)	piirtää	[pi:rtæ:]
schilderen (ww)	maalata	[mɑ:lɑtɑ]
poseren (ww)	poseerata	[pose:rɑtɑ]
naaktmodel (man)	malli	[mɑlli]

naaktmodel (vrouw)	malli	[malli]
kunstenaar (de)	taiteilija	[tajtejlija]
kunstwerk (het)	teos	[teos]
meesterwerk (het)	mestariteos	[mestari·teos]
studio, werkruimte (de)	verstas	[ʋerstas]

schildersdoek (het)	kangas, kanvaasi	[kaŋas], [kanʋa:si]
schildersezel (de)	maalausteline	[ma:laus·teline]
palet (het)	paletti	[paletti]

lijst (een vergulde ~)	kehys	[kehys]
restauratie (de)	entistys	[entistys]
restaureren (ww)	entistää	[entistæ:]

127. Literatuur & Poëzie

literatuur (de)	kirjallisuus	[kirjallisu:s]
auteur (de)	tekijä	[tekijæ]
pseudoniem (het)	salanimi	[sala·nimi]

boek (het)	kirja	[kirja]
boekdeel (het)	nide	[nide]
inhoudsopgave (de)	sisällysluettelo	[sisællys·luettelo]
pagina (de)	sivu	[siʋu]
hoofdpersoon (de)	päähenkilö	[pæ:heŋkilø]
handtekening (de)	nimikirjoitus	[nimi·kirjoitus]

verhaal (het)	kertomus	[kertomus]
novelle (de)	novelli	[noʋelli]
roman (de)	romaani	[roma:ni]
werk (literatuur)	teos	[teos]
fabel (de)	satu	[satu]
detectiveroman (de)	salapoliisiromaani	[sala·poli:si·roma:ni]

gedicht (het)	runo	[runo]
poëzie (de)	runous	[runous]
epos (het)	runoelma	[runoelma]
dichter (de)	runoilija	[runojlija]

fictie (de)	kaunokirjallisuus	[kauno·kirjallisu:s]
sciencefiction (de)	tieteiskirjallisuus	[tietejs·kirjallisu:s]
avonturenroman (de)	seikkailut	[sejkkajlut]
opvoedkundige literatuur (de)	oppikirjallisuus	[oppi·kirjallisu:s]
kinderliteratuur (de)	lastenkirjallisuus	[lasten·kirjallisu:s]

128. Circus

circus (de/het)	sirkus	[sirkus]
chapiteau circus (de/het)	kiertävä sirkus	[kiertæʋæ sirkus]
programma (het)	ohjelma	[ohjelma]
voorstelling (de)	esitys	[esitys]
nummer (circus ~)	numero	[numero]

arena (de)	areena	[ɑreːnɑ]
pantomime (de)	pantomiimi	[pɑntomiːmi]
clown (de)	klovni	[klouni]

acrobaat (de)	akrobaatti	[ɑkrobɑːtti]
acrobatiek (de)	voimistelutaito	[uojmistelu·tɑjto]
gymnast (de)	voimistelija	[uojmistelijɑ]
gymnastiek (de)	voimistelu	[uojmistelu]
salto (de)	voltti	[uoltti]

sterke man (de)	voimamies	[uojmɑmies]
temmer (de)	kesyttäjä	[kesyttæjæ]
ruiter (de)	ratsastaja	[rɑtsɑstɑjɑ]
assistent (de)	avustaja	[ɑuustɑjɑ]

stunt (de)	trikki	[trikki]
goocheltruc (de)	taikatemppu	[tɑjkɑ·temppu]
goochelaar (de)	taikuri	[tɑjkuri]

jongleur (de)	jonglööri	[joŋløːri]
jongleren (ww)	jongleerata	[joŋleːrɑtɑ]
dierentrainer (de)	kouluttaja	[kouluttɑjɑ]
dressuur (de)	koulutus	[koulutus]
dresseren (ww)	kouluttaa	[kouluttɑː]

129. Muziek. Popmuziek

muziek (de)	musiikki	[musiːkki]
muzikant (de)	muusikko	[muːsikko]
muziekinstrument (het)	soitin	[sojtin]
spelen (bijv. gitaar ~)	soittaa	[sojttɑː]

gitaar (de)	kitara	[kitɑrɑ]
viool (de)	viulu	[uiulu]
cello (de)	sello	[sello]
contrabas (de)	bassoviulu	[bɑsso·uiulu]
harp (de)	harppu	[hɑrppu]

piano (de)	piano	[piɑno]
vleugel (de)	flyygeli	[flyːgeli]
orgel (het)	urut	[urut]

blaasinstrumenten (mv.)	puhallussoitimet	[puɦɑllus·sojtimet]
hobo (de)	oboe	[oboj]
saxofoon (de)	saksofoni	[sɑksofoni]
klarinet (de)	klarinetti	[klɑrinetti]
fluit (de)	huilu	[hujlu]
trompet (de)	torvi	[torui]

| accordeon (de/het) | pianoharmonikka | [piɑno·hɑrmonikkɑ] |
| trommel (de) | rumpu | [rumpu] |

| duet (het) | duo | [duo] |
| trio (het) | trio | [trio] |

kwartet (het)	kvartetti	[kʋartetti]
koor (het)	kuoro	[kuoro]
orkest (het)	orkesteri	[orkesteri]
popmuziek (de)	pop musiikki	[pop musi:kki]
rockmuziek (de)	rokki	[rokki]
rockgroep (de)	rokkiyhtye	[rokki·yhtye]
jazz (de)	jatsi	[jɑtsi]
idool (het)	idoli	[idoli]
bewonderaar (de)	ihailija	[ihɑjlijɑ]
concert (het)	konsertti	[konsertti]
symfonie (de)	sinfonia	[sinfoniɑ]
compositie (de)	sävellys	[sæʋellys]
componeren (muziek ~)	säveltää	[sæʋeltæ:]
zang (de)	laulaminen	[lɑuluminen]
lied (het)	laulu	[lɑulu]
melodie (de)	melodia	[melodiɑ]
ritme (het)	rytmi	[rytmi]
blues (de)	blues	[blys]
bladmuziek (de)	nuotit	[nuotit]
dirigeerstok (baton)	tahtipuikko	[tɑhti·pujkko]
strijkstok (de)	jousi	[jousi]
snaar (de)	kieli	[kieli]
koffer (de)	kotelo	[kotelo]

Rusten. Entertainment. Reizen

130. Trip. Reizen

toerisme (het)	matkailu	[matkajlu]
toerist (de)	matkailija	[matkajlija]
reis (de)	matka	[matka]
avontuur (het)	seikkailu	[sejkkajlu]
tocht (de)	matka	[matka]
vakantie (de)	loma	[loma]
met vakantie zijn	olla lomalla	[olla lomalla]
rust (de)	lepo	[lepo]
trein (de)	juna	[juna]
met de trein	junalla	[junalla]
vliegtuig (het)	lentokone	[lento·kone]
met het vliegtuig	lentokoneella	[lentokone:lla]
met de auto	autolla	[autolla]
per schip (bw)	laivalla	[lajualla]
bagage (de)	matkatavara	[matka·tauara]
valies (de)	matkalaukku	[matka·laukku]
bagagekarretje (het)	matkatavarakärryt	[matka·tauarat·kærryt]
paspoort (het)	passi	[passi]
visum (het)	viisumi	[ui:sumi]
kaartje (het)	lippu	[lippu]
vliegticket (het)	lentolippu	[lento·lippu]
reisgids (de)	opaskirja	[opas·kirja]
kaart (de)	kartta	[kartta]
gebied (landelijk ~)	seutu	[seutu]
plaats (de)	paikka	[pajkka]
exotische bestemming (de)	eksoottisuus	[ekso:ttisu:s]
exotisch (bn)	eksoottinen	[ekso:ttinen]
verwonderlijk (bn)	ihmeellinen	[ihme:llinen]
groep (de)	ryhmä	[ryhmæ]
rondleiding (de)	ekskursio, retki	[ekskursio], [retki]
gids (de)	opas	[opas]

131. Hotel

hotel (het)	hotelli	[hotelli]
motel (het)	motelli	[motelli]
3-sterren	kolme tähteä	[kolme tæhteæ]

| 5-sterren | viisi tähteä | [ui:si tæhteæ] |
| overnachten (ww) | oleskella | [oleskella] |

kamer (de)	huone	[huone]
eenpersoonskamer (de)	yhden hengen huone	[yhden heŋen huone]
tweepersoonskamer (de)	kahden hengen huone	[kahden heŋen huone]
een kamer reserveren	varata huone	[uarata huone]

| halfpension (het) | puolihoito | [puoli·hojto] |
| volpension (het) | täysihoito | [tæysi·hojto] |

met badkamer	jossa on kylpyamme	[jossa on kylpyamme]
met douche	on suihku	[on sujhku]
satelliet-tv (de)	satelliittitelevisio	[satelli:tti·teleuisio]
airconditioner (de)	ilmastointilaite	[ilmastojnti·lajte]
handdoek (de)	pyyhe	[py:he]
sleutel (de)	avain	[auajn]

administrateur (de)	hallintovirkamies	[hallinto·uirka·mies]
kamermeisje (het)	huonesiivooja	[huone·si:uo:ja]
piccolo (de)	kantaja	[kantaja]
portier (de)	vahtimestari	[uahti·mestari]

restaurant (het)	ravintola	[rauintola]
bar (de)	baari	[ba:ri]
ontbijt (het)	aamiainen	[a:miajnen]
avondeten (het)	illallinen	[illallinen]
buffet (het)	noutopöytä	[nouto·pøytæ]

| hal (de) | eteishalli | [etejs·halli] |
| lift (de) | hissi | [hissi] |

| NIET STOREN | ÄLKÄÄ HÄIRITKÖ | [ælkæ: hæjritkø] |
| VERBODEN TE ROKEN! | TUPAKOINTI KIELLETTY | [tupakojnti kielletty] |

132. Boeken. Lezen

boek (het)	kirja	[kirja]
auteur (de)	tekijä	[tekijæ]
schrijver (de)	kirjailija	[kirjailija]
schrijven (een boek)	kirjoittaa	[kirjoitta:]

lezer (de)	lukija	[lukija]
lezen (ww)	lukea	[lukea]
lezen (het)	lukeminen	[lukeminen]

| stil (~ lezen) | itsekseen | [itsekse:n] |
| hardop (~ lezen) | ääneen | [æ:ne:n] |

uitgeven (boek ~)	julkaista	[julkajsta]
uitgeven (het)	julkaisu	[julkajsu]
uitgever (de)	julkaisija	[julkajsija]
uitgeverij (de)	kustantamo	[kustantamo]
verschijnen (bijv. boek)	ilmestyä	[ilmestyæ]

verschijnen (het)	julkaisu	[julkɑjsu]
oplage (de)	painosmäärä	[pɑjnos·mæ:ræ]
boekhandel (de)	kirjakauppa	[kirjɑ·kɑuppɑ]
bibliotheek (de)	kirjasto	[kirjɑsto]
novelle (de)	novelli	[noʋelli]
verhaal (het)	kertomus	[kertomus]
roman (de)	romaani	[romɑ:ni]
detectiveroman (de)	salapoliisiromaani	[sɑlɑ·poli:si·romɑ:ni]
memoires (mv.)	muistelmat	[mujstelmɑt]
legende (de)	legenda	[legendɑ]
mythe (de)	myytti	[my:tti]
gedichten (mv.)	runot	[runot]
autobiografie (de)	omaelämäkerta	[omɑ·elæmækertɑ]
bloemlezing (de)	valitut teokset	[ʋɑlitut teokset]
sciencefiction (de)	tieteiskirjallisuus	[tietejs·kirjɑllisu:s]
naam (de)	nimi	[nimi]
inleiding (de)	johdanto	[johdɑnto]
voorblad (het)	nimiölehti	[nimiø·lehti]
hoofdstuk (het)	luku	[luku]
fragment (het)	katkelma	[kɑtkelmɑ]
episode (de)	episodi	[episodi]
intrige (de)	juoni	[juoni]
inhoud (de)	sisältö	[sisæltø]
inhoudsopgave (de)	sisällysluettelo	[sisællys·luettelo]
hoofdpersonage (het)	pääsankari	[pæ:sɑŋkɑri]
boekdeel (het)	nide	[nide]
omslag (de/het)	kansi	[kɑnsi]
boekband (de)	sidonta	[sidontɑ]
bladwijzer (de)	kirjanmerkki	[kirjɑn·merkki]
pagina (de)	sivu	[siʋu]
bladeren (ww)	selailla	[selɑjllɑ]
marges (mv.)	marginaalit	[mɑrginɑ:lit]
annotatie (de)	merkintä	[merkintæ]
opmerking (de)	huomautus	[huomɑutus]
tekst (de)	teksti	[teksti]
lettertype (het)	fontti, kirjasinlaji	[fontti], [kirjɑsin·lɑji]
drukfout (de)	painovirhe	[pɑjno·ʋirhe]
vertaling (de)	käännös	[kæ:nnøs]
vertalen (ww)	kääntää	[kæ:ntæ:]
origineel (het)	alkuperäiskappale	[ɑlkuperæjs·kɑppɑle]
beroemd (bn)	kuulu	[ku:lu]
onbekend (bn)	tuntematon	[tuntemɑton]
interessant (bn)	mielenkiintoinen	[mielen·ki:ntojnen]
bestseller (de)	bestseller	[bestseller]

woordenboek (het)	sanakirja	[sana·kirja]
leerboek (het)	oppikirja	[oppi·kirja]
encyclopedie (de)	tietosanakirja	[tieto·sana·kirja]

133. Jacht. Vissen

jacht (de)	metsästys	[metsæstys]
jagen (ww)	metsästää	[metsæstæ:]
jager (de)	metsästäjä	[metsæstæjæ]

schieten (ww)	ampua	[ampua]
geweer (het)	kivääri	[kiʋæ:ri]
patroon (de)	patruuna	[patru:na]
hagel (de)	haulit	[haulit]

val (de)	raudat	[raudat]
valstrik (de)	ansa	[ansa]
een val zetten	asettaa raudat	[asetta: raudat]
stroper (de)	salametsästäjä	[sala·metsæstæjæ]
wild (het)	riista	[ri:sta]
jachthond (de)	metsästyskoira	[metsæstys·kojra]
safari (de)	safari	[safari]
opgezet dier (het)	täytetty eläin	[tæytetty elæjn]

visser (de)	kalastaja	[kalastaja]
visvangst (de)	kalastus	[kalastus]
vissen (ww)	kalastaa	[kalasta:]
hengel (de)	onki	[oŋki]
vislijn (de)	siima	[si:ma]
haak (de)	koukku	[koukku]
dobber (de)	koho	[koɦo]
aas (het)	syötti	[syøtti]

de hengel uitwerpen	heittää onki	[hejttæ: oŋki]
bijten (ov. de vissen)	käydä onkeen	[kæydæ oŋke:n]
vangst (de)	saalis	[sa:lis]
wak (het)	avanto	[aʋanto]

net (het)	kalaverkko	[kala·ʋerkko]
boot (de)	vene	[ʋene]
vissen met netten	kalastaa verkoilla	[kalasta: ʋerkojlla]
het net uitwerpen	heittää verkko	[hejttæ: ʋerkko]
het net binnenhalen	vetää verkko	[ʋetæ: ʋerkko]

walvisvangst (de)	valaanpyytäjä	[ʋala:n·py:tæjæ]
walvisvaarder (de)	valaanpyyntialus	[ʋala:n·py:ntialus]
harpoen (de)	harppuuna	[harppu:na]

134. Spellen. Biljart

| biljart (het) | biljardi | [biljardi] |
| biljartzaal (de) | biljardisali | [biljardi·sali] |

biljartbal (de)	biljardipallo	[biljardi·pallo]
een bal in het gat jagen	pussittaa	[pussitta:]
keu (de)	biljardikeppi	[biljardi·keppi]
gat (het)	pussi	[pussi]

135. Spellen. Speelkaarten

ruiten (mv.)	ruutu	[ru:tu]
schoppen (mv.)	pata	[pata]
klaveren (mv.)	hertta	[hertta]
harten (mv.)	risti	[risti]

aas (de)	ässä	[æssæ]
koning (de)	kuningas	[kuniŋas]
dame (de)	kuningatar	[kuniŋatar]
boer (de)	sotamies	[sotamies]

speelkaart (de)	pelikortti	[peli·kortti]
kaarten (mv.)	kortit	[kortit]
troef (de)	valtti	[ualtti]
pak (het) kaarten	korttipakka	[kortti·pakka]

punt (bijv. vijftig ~en)	piste	[piste]
uitdelen (kaarten ~)	jakaa	[jaka:]
schudden (de kaarten ~)	sekoittaa	[sekojtta:]
beurt (de)	siirto	[si:rto]
valsspeler (de)	korttihuijari	[kortti·huijari]

136. Rusten. Spellen. Diversen

wandelen (on.ww.)	kävellä	[kæuellæ]
wandeling (de)	kävely	[kæuely]
trip (per auto)	retki	[retki]
avontuur (het)	seikkailu	[sejkkajlu]
picknick (de)	piknikki	[piknikki]

spel (het)	peli	[peli]
speler (de)	pelaaja	[pela:ja]
partij (de)	erä	[eræ]

collectioneur (de)	keräilijä	[keræjlijæ]
collectioneren (ww)	keräillä	[keræjllæ]
collectie (de)	kokoelma	[kokoelma]

kruiswoordraadsel (het)	sanaristikko	[sana·ristikko]
hippodroom (de)	ravirata	[raui·rata]
discotheek (de)	disko	[disko]

sauna (de)	sauna	[sauna]
loterij (de)	arpajaiset	[arpajaiset]
trektocht (kampeertocht)	vaellus	[uaellus]
kamp (het)	leiri	[lejri]

tent (de)	teltta	[teltta]
kompas (het)	kompassi	[kompassi]
rugzaktoerist (de)	telttailija	[telttajlija]
bekijken (een film ~)	katsoa	[katsoa]
kijker (televisie~)	katsoja	[katsoja]
televisie-uitzending (de)	televisiolähetys	[televisio·læhetys]

137. Fotografie

fotocamera (de)	kamera	[kamera]
foto (de)	valokuva	[valokuva]
fotograaf (de)	valokuvaaja	[valokuva:ja]
fotostudio (de)	valokuvaamo	[valokuva:mo]
fotoalbum (het)	valokuvakansio	[valokuva·kansio]
lens (de), objectief (het)	objektiivi	[objekti:vi]
telelens (de)	teleobjektiivi	[tele·objekti:vi]
filter (de/het)	suodatin	[suodatin]
lens (de)	linssi	[linssi]
optiek (de)	optiikka	[opti:kka]
diafragma (het)	himmennin	[himmennin]
belichtingstijd (de)	valotus	[valotus]
zoeker (de)	etsin	[etsin]
digitale camera (de)	digitaalikamera	[digita:li·kamera]
statief (het)	jalusta	[jalusta]
flits (de)	salamalaite	[salama·lajte]
fotograferen (ww)	valokuvata	[valokuvata]
foto's maken	kuvata	[kuvata]
zich laten fotograferen	käydä valokuvassa	[kæydæ valokuvassa]
focus (de)	fokus, focus	[fokus]
scherpstellen (ww)	tarkentaa	[tarkenta:]
scherp (bn)	terävä	[terævæ]
scherpte (de)	terävyys	[terævy:s]
contrast (het)	kontrasti	[kontrasti]
contrastrijk (bn)	kontrasti-	[kontrasti]
kiekje (het)	kuva	[kuva]
negatief (het)	negatiivi	[negati:vi]
filmpje (het)	filmi	[filmi]
beeld (frame)	otos	[otos]
afdrukken (foto's ~)	tulostaa	[tulosta:]

138. Strand. Zwemmen

strand (het)	uimaranta	[ujma·ranta]
zand (het)	hiekka	[hiekka]

leeg (~ strand)	autio	[autio]
bruine kleur (de)	rusketus	[rusketus]
zonnebaden (ww)	ruskettua	[ruskettua]
gebruind (bn)	ruskettunut	[ruskettunut]
zonnecrème (de)	aurinkovoide	[auriŋko·uojde]
bikini (de)	bikinit	[bikinit]
badpak (het)	uimapuku	[ujma·puku]
zwembroek (de)	uimahousut	[ujma·housut]
zwembad (het)	uima-allas	[ujma·allas]
zwemmen (ww)	uida	[ujda]
douche (de)	suihku	[sujhku]
zich omkleden (ww)	vaihtaa vaatteet	[uajhta: ua:tte:t]
handdoek (de)	pyyhe	[py:he]
boot (de)	vene	[uene]
motorboot (de)	moottorivene	[mo:ttori·uene]
waterski's (mv.)	vesihiihto	[uesi·hi:hto]
waterfiets (de)	vesipolkupyörä	[uesi·polkupyøræ]
surfen (het)	surffaus	[surffaus]
surfer (de)	surffaaja	[surffa:ja]
scuba, aqualong (de)	happilaite	[happi·lajte]
zwemvliezen (mv.)	räpylät	[ræpylæt]
duikmasker (het)	naamari	[na:mari]
duiker (de)	sukeltaja	[sukeltaja]
duiken (ww)	sukeltaa	[sukelta:]
onder water (bw)	veden alla	[ueden alla]
parasol (de)	sateenvarjo	[sate:n·uarjo]
ligstoel (de)	telttatuoli	[teltta·tuoli]
zonnebril (de)	aurinkolasit	[auriŋko·lasit]
luchtmatras (de/het)	uimapatja	[ujma·patja]
spelen (ww)	leikkiä	[lejkkiæ]
gaan zwemmen (ww)	uida	[ujda]
bal (de)	rantapallo	[ranta·pallo]
opblazen (oppompen)	puhaltaa	[puɦalta:]
lucht-, opblaasbare (bn)	puhallettava	[puɦallettaua]
golf (hoge ~)	aalto	[a:lto]
boei (de)	poiju	[poiju]
verdrinken (ww)	hukkua	[hukkua]
redden (ww)	pelastaa	[pelasta:]
reddingsvest (de)	pelastusliivi	[pelastus·li:ui]
waarnemen (ww)	tarkkailla	[tarkkajlla]
redder (de)	pelastaja	[pelastaja]

TECHNISCHE APPARATUUR. VERVOER

Technische apparatuur

139. Computer

computer (de)	tietokone	[tieto·kone]
laptop (de)	kannettava tietokone	[kannettaʋa tietokone]
aanzetten (ww)	avata	[aʋata]
uitzetten (ww)	sammuttaa	[sammutta:]
toetsenbord (het)	näppäimistö	[næppæjmistø]
toets (enter~)	näppäin	[næppæjn]
muis (de)	hiiri	[hi:ri]
muismat (de)	hiirimatto	[hi:ri·matto]
knopje (het)	painike	[pajnike]
cursor (de)	kursori	[kursori]
monitor (de)	monitori	[monitori]
scherm (het)	näyttö	[næyttø]
harde schijf (de)	kiintolevy, kovalevy	[ki:nto·leʋy], [koʋa·leʋy]
volume (het)	kiintolevyn kapasiteetti	[ki:ntoleʋyn kapasite:tti]
van de harde schijf		
geheugen (het)	muisti	[mujsti]
RAM-geheugen (het)	keskusmuisti	[keskus·mujsti]
bestand (het)	tiedosto	[tædosto]
folder (de)	kansio	[kansio]
openen (ww)	avata	[aʋata]
sluiten (ww)	sulkea	[sulkea]
opslaan (ww)	tallentaa	[tallenta:]
verwijderen (wissen)	poistaa	[pojsta:]
kopiëren (ww)	kopioida	[kopiojda]
sorteren (ww)	lajitella	[lajɪtella]
overplaatsen (ww)	siirtää	[si:rtæ:]
programma (het)	ohjelma	[ohjelma]
software (de)	ohjelmisto	[ohjelmisto]
programmeur (de)	ohjelmoija	[ohjelmoja]
programmeren (ww)	ohjelmoida	[ohjelmojda]
hacker (computerkraker)	hakkeri	[hakkeri]
wachtwoord (het)	tunnussana	[tunnus·sana]
virus (het)	virus	[ʋirus]
ontdekken (virus ~)	löytää	[løytæ:]

| byte (de) | tavu | [tɑʋu] |
| megabyte (de) | megatavu | [mega·tɑʋu] |

| data (de) | tiedot | [tiedot] |
| databank (de) | tietokanta | [tieto·kɑntɑ] |

kabel (USB-~, enz.)	kaapeli	[kɑ:peli]
afsluiten (ww)	kytkeä irti	[kytkeæ irti]
aansluiten op (ww)	yhdistää, liittää	[yhdistæ:], [li:ttæ:]

140. Internet. E-mail

internet (het)	internet, netti	[internet], [netti]
browser (de)	verkkoselain	[ʋerkko·selɑjn]
zoekmachine (de)	hakukone	[hɑku·kone]
internetprovider (de)	internet-palveluntarjoaja	[internet·palʋelun·tɑrjoɑjɑ]

webmaster (de)	webmaster	[ʋeb·mɑster]
website (de)	nettisivusto	[netti·siʋusto]
webpagina (de)	nettisivu	[netti·siʋu]

| adres (het) | email-osoite | [imejl·osojte] |
| adresboek (het) | osoitekirja | [osojte·kirjɑ] |

postvak (het)	postilaatikko	[postilɑ:tikko]
post (de)	posti	[posti]
vol (~ postvak)	täysi	[tæysi]

bericht (het)	viesti	[ʋiesti]
binnenkomende berichten (mv.)	saapuneet viestit	[sɑ:pune:t ʋiestit]
uitgaande berichten (mv.)	lähetetyt viestit	[læɦetetyt ʋiestit]
verzender (de)	lähettäjä	[læɦettæjæ]
verzenden (ww)	lähettää	[læɦettæ:]
verzending (de)	lähettäminen	[læɦettæminen]

| ontvanger (de) | saaja | [sɑ:jɑ] |
| ontvangen (ww) | saada | [sɑ:dɑ] |

| correspondentie (de) | kirjeenvaihto | [kirje:n·ʋɑjhto] |
| corresponderen (met ...) | olla kirjeenvaihdossa | [ollɑ kirje:n·ʋɑjhdossɑ] |

bestand (het)	tiedosto	[tædosto]
downloaden (ww)	tallentaa	[tɑllentɑ:]
creëren (ww)	luoda	[luodɑ]
verwijderen (een bestand ~)	poistaa	[pojstɑ:]
verwijderd (bn)	poistettu	[pojstettu]

verbinding (de)	yhteys	[yhteys]
snelheid (de)	nopeus	[nopeus]
modem (de)	modeemi	[mode:mi]
toegang (de)	pääsy	[pæ:sy]
poort (de)	portti	[portti]
aansluiting (de)	liittymä	[li:ttymæ]

zich aansluiten (ww)	liittyä	[li:ttyæ]
selecteren (ww)	valita	[ualita]
zoeken (ww)	etsiä	[etsiæ]

Vervoer

141. Vliegtuig

vliegtuig (het)	lentokone	[lento·kone]
vliegticket (het)	lentolippu	[lento·lippu]
luchtvaartmaatschappij (de)	lentoyhtiö	[lento·yhtiø]
luchthaven (de)	lentoasema	[lento·asema]
supersonisch (bn)	yliääni-	[yliæ:ni-]
gezagvoerder (de)	lentokoneen päällikkö	[lento·kone:n pæ:llikkø]
bemanning (de)	miehistö	[mæⱨistø]
piloot (de)	lentäjä	[lentæjæ]
stewardess (de)	lentoemäntä	[lento·emæntæ]
stuurman (de)	perämies	[peræmies]
vleugels (mv.)	siivet	[si:ʋet]
staart (de)	pyrstö	[pyrstø]
cabine (de)	ohjaamo	[ohja:mo]
motor (de)	moottori	[mo:ttori]
landingsgestel (het)	laskuteline	[lasku·teline]
turbine (de)	turbiini	[turbi:ni]
propeller (de)	propelli	[propelli]
zwarte doos (de)	musta laatikko	[musta la:tikko]
stuur (het)	ohjaussauva	[ohjaus·sauʋa]
brandstof (de)	polttoaine	[poltto·ajne]
veiligheidskaart (de)	turvaohje	[turʋa·ohje]
zuurstofmasker (het)	happinaamari	[happina:mari]
uniform (het)	univormu	[uniʋormu]
reddingsvest (de)	pelastusliivi	[pelastus·li:ʋi]
parachute (de)	laskuvarjo	[lasku·ʋarjo]
opstijgen (het)	ilmaannousu	[ilma:n·nousu]
opstijgen (ww)	nousta ilmaan	[nousta ilma:n]
startbaan (de)	kiitorata	[ki:to·rata]
zicht (het)	näkyvyys	[nækyʋy:s]
vlucht (de)	lento	[lento]
hoogte (de)	korkeus	[korkeus]
luchtzak (de)	ilmakuoppa	[ilma·kuoppa]
plaats (de)	paikka	[pajkka]
koptelefoon (de)	kuulokkeet	[ku:lokke:t]
tafeltje (het)	tarjotin	[tarjotin]
venster (het)	ikkuna	[ikkuna]
gangpad (het)	käytävä	[kæytæʋæ]

142. Trein

trein (de)	juna	[juna]
elektrische trein (de)	sähköjuna	[sæhkø·juna]
sneltrein (de)	pikajuna	[pika·juna]
diesellocomotief (de)	moottoriveturi	[mo:ttori·ʋeturi]
stoomlocomotief (de)	höyryveturi	[høyry·ʋeturi]

rijtuig (het)	vaunu	[ʋaunu]
restauratierijtuig (het)	ravintolavaunu	[raʋintola·ʋaunu]

rails (mv.)	ratakiskot	[rata·kiskot]
spoorweg (de)	rautatie	[rauta·tie]
dwarsligger (de)	ratapölkky	[rata·pølkky]

perron (het)	asemalaituri	[asema·lajturi]
spoor (het)	raide	[rajde]
semafoor (de)	siipiopastin	[si:pi·opastin]
halte (bijv. kleine treinhalte)	asema	[asema]

machinist (de)	junankuljettaja	[yneŋ·kuljettaja]
kruier (de)	kantaja	[kantaja]
conducteur (de)	vaununhoitaja	[ʋaunun·hojtaja]
passagier (de)	matkustaja	[matkustaja]
controleur (de)	tarkastaja	[tarkastaja]

gang (in een trein)	käytävä	[kæytæʋæ]
noodrem (de)	hätäjarru	[hætæ·jarru]

coupé (de)	vaununosasto	[ʋaunun·osasto]
bed (slaapplaats)	vuode	[ʋuode]
bovenste bed (het)	ylävuode	[ylæ·ʋuode]
onderste bed (het)	alavuode	[ala·ʋuode]
beddengoed (het)	vuodevaatteet	[ʋuode·ʋa:tte:t]

kaartje (het)	lippu	[lippu]
dienstregeling (de)	aikataulu	[ajka·taulu]
informatiebord (het)	aikataulu	[ajka·taulu]

vertrekken (De trein vertrekt ...)	lähteä	[læhteæ]
vertrek (ov. een trein)	lähtö	[læhtø]
aankomen (ov. de treinen)	saapua	[sa:pua]
aankomst (de)	saapuminen	[sa:puminen]

aankomen per trein	tulla junalla	[tulla junalla]
in de trein stappen	nousta junaan	[nousta juna:n]
uit de trein stappen	nousta junasta	[nousta junasta]

treinwrak (het)	junaturma	[juna·turma]
ontspoord zijn	suistua raiteilta	[sujstua rajtejlta]
stoomlocomotief (de)	höyryveturi	[høyry·ʋeturi]
stoker (de)	lämmittäjä	[læmmittæjæ]
stookplaats (de)	tulipesä	[tulipesæ]
steenkool (de)	hiili	[hi:li]

143. Schip

schip (het)	laiva	[lɑjʋɑ]
vaartuig (het)	alus	[ɑlus]
stoomboot (de)	höyrylaiva	[højry·lɑjʋɑ]
motorschip (het)	jokilaiva	[joki·lɑjʋɑ]
lijnschip (het)	risteilijä	[ristejlijæ]
kruiser (de)	risteilijä	[ristejlijæ]
jacht (het)	jahti	[jɑhti]
sleepboot (de)	hinausköysi	[hinɑus·køysi]
duwbak (de)	proomu	[pro:mu]
ferryboot (de)	lautta	[lɑuttɑ]
zeilboot (de)	purjealus	[purje·ɑlus]
brigantijn (de)	brigantiini	[brigɑnti:ni]
ijsbreker (de)	jäänmurtaja	[jæ:n·murtɑjɑ]
duikboot (de)	sukellusvene	[sukellus·ʋene]
boot (de)	jolla	[jollɑ]
sloep (de)	pelastusvene	[pelɑstus·ʋene]
reddingssloep (de)	pelastusvene	[pelɑstus·ʋene]
motorboot (de)	moottorivene	[mo:ttori·ʋene]
kapitein (de)	kapteeni	[kɑpte:ni]
zeeman (de)	matruusi	[mɑtru:si]
matroos (de)	merimies	[merimies]
bemanning (de)	miehistö	[mæhistø]
bootsman (de)	pursimies	[pursimies]
scheepsjongen (de)	laivapoika	[lɑjʋɑ·pojkɑ]
kok (de)	kokki	[kokki]
scheepsarts (de)	laivalääkäri	[lɑjʋɑ·læ:kæri]
dek (het)	kansi	[kɑnsi]
mast (de)	masto	[mɑsto]
zeil (het)	purje	[purje]
ruim (het)	ruuma	[ru:mɑ]
voorsteven (de)	keula	[keulɑ]
achtersteven (de)	perä	[peræ]
roeispaan (de)	airo	[ɑjro]
schroef (de)	potkuri	[potkuri]
kajuit (de)	hytti	[hytti]
officierskamer (de)	upseerimessi	[upse:ri·messi]
machinekamer (de)	konehuone	[kone·huone]
brug (de)	komentosilta	[komento·siltɑ]
radiokamer (de)	radiohuone	[rɑdio·huone]
radiogolf (de)	aalto	[ɑ:lto]
logboek (het)	laivapäiväkirja	[lɑjʋɑ·pæjʋæ·kirjɑ]
verrekijker (de)	kaukoputki	[kɑuko·putki]
klok (de)	kello	[kello]

vlag (de)	lippu	[lippu]
kabel (de)	köysi	[køysi]
knoop (de)	solmu	[solmu]

| leuning (de) | käsipuu | [kæsipu:] |
| trap (de) | laskusilta | [lasku·silta] |

anker (het)	ankkuri	[aŋkkuri]
het anker lichten	nostaa ankkuri	[nosta: aŋkkuri]
het anker neerlaten	heittää ankkuri	[hejttæ: aŋkkuri]
ankerketting (de)	ankkuriketju	[aŋkkuri·ketju]

haven (bijv. containerhaven)	satama	[satama]
kaai (de)	laituri	[lajturi]
aanleggen (ww)	kiinnittyä	[ki:nnittyæ]
wegvaren (ww)	lähteä	[læhteæ]

reis (de)	matka	[matka]
cruise (de)	laivamatka	[lajua·matka]
koers (de)	kurssi	[kurssi]
route (de)	reitti	[rejtti]

vaarwater (het)	väylä	[uæylæ]
zandbank (de)	matalikko	[matalikko]
stranden (ww)	ajautua matalikolle	[ajautua matalikolle]

storm (de)	myrsky	[myrsky]
signaal (het)	merkki	[merkki]
zinken (ov. een boot)	upota	[upota]
Man overboord!	Mies yli laidan!	[mies yli lajdan]
SOS (noodsignaal)	SOS	[sos]
reddingsboei (de)	pelastusrengas	[pelastus·reŋas]

144. Vliegveld

luchthaven (de)	lentoasema	[lento·asema]
vliegtuig (het)	lentokone	[lento·kone]
luchtvaartmaatschappij (de)	lentoyhtiö	[lento·yhtiø]
luchtverkeersleider (de)	lennonjohtaja	[lennon·johtaja]

vertrek (het)	lähtö	[læhtø]
aankomst (de)	saapuvat	[sa:puuat]
aankomen (per vliegtuig)	lentää	[lentæ:]

| vertrektijd (de) | lähtöaika | [læhtø·ajka] |
| aankomstuur (het) | saapumisaika | [sa:pumis·ajka] |

| vertraagd zijn (ww) | myöhästyä | [myøhæstyæ] |
| vluchtvertraging (de) | lennon viivästyminen | [lennon ui:uæstyminen] |

informatiebord (het)	tiedotustaulu	[tiedotus·taulu]
informatie (de)	tiedotus	[tiedotus]
aankondigen (ww)	ilmoittaa	[ilmojtta:]
vlucht (bijv. KLM ~)	lento	[lento]

132

douane (de)	tulli	[tulli]
douanier (de)	tullimies	[tullimies]

douaneaangifte (de)	tullausilmoitus	[tullaus·ilmojtus]
invullen (douaneaangifte ~)	täyttää	[tæyttæ:]
een douaneaangifte invullen	täyttää tullausilmoitus	[tæyttæ: tullaus ilmojtus]
paspoortcontrole (de)	passintarkastus	[passin·tarkastus]

bagage (de)	matkatavara	[matka·tauara]
handbagage (de)	käsimatkatavara	[kæsi·matka·tauara]
bagagekarretje (het)	matkatavarakärryt	[matka·tauarat·kærryt]

landing (de)	lasku	[lasku]
landingsbaan (de)	laskurata	[lasku·rata]
landen (ww)	laskeutua	[laskeutua]
vliegtuigtrap (de)	laskuportaat	[lasku·porta:t]

inchecken (het)	lähtöselvitys	[læhtø·seluitys]
incheckbalie (de)	rekisteröintitiski	[rekisterøinti·tiski]
inchecken (ww)	ilmoittautua	[ilmojttautua]
instapkaart (de)	koneeseennousukortti	[kone:se:n·nousu·kortti]
gate (de)	lentokoneen pääsy	[lento·kone:n pæ:sy]

transit (de)	kauttakulku	[kautta·kulku]
wachten (ww)	odottaa	[odotta:]
wachtzaal (de)	odotussali	[odotus·sali]
begeleiden (uitwuiven)	saattaa ulos	[sa:tta: ulos]
afscheid nemen (ww)	hyvästellä	[hyuæstellæ]

145. Fiets. Motorfiets

fiets (de)	polkupyörä	[polku·pyøræ]
bromfiets (de)	skootteri	[sko:tteri]
motorfiets (de)	moottoripyörä	[mo:ttori·pyøræ]

met de fiets rijden	pyöräillä	[pyøræjllæ]
stuur (het)	ohjaustanko	[ohjaus·taŋko]
pedaal (de/het)	poljin	[poljin]
remmen (mv.)	jarrut	[jarrut]
fietszadel (de/het)	satula	[satula]

pomp (de)	pumppu	[pumppu]
bagagedrager (de)	tavarateline	[tauara·teline]
fietslicht (het)	valo, ajovalo	[ualo], [ajouala]
helm (de)	kypärä	[kypæræ]

wiel (het)	pyörä	[pyøræ]
spatbord (het)	siipi	[si:pi]
velg (de)	vanne	[uanne]
spaak (de)	pinna	[pinna]

Auto's

146. Soorten auto's

auto (de)	auto	[auto]
sportauto (de)	urheiluauto	[urhejlu·auto]
limousine (de)	limusiini	[limousi:ni]
terreinwagen (de)	maastoauto	[ma:sto·auto]
cabriolet (de)	avoauto	[auo·auto]
minibus (de)	pikkubussi	[pikku·bussi]
ambulance (de)	ambulanssi	[ambulanssi]
sneeuwruimer (de)	lumiaura	[lumi·aura]
vrachtwagen (de)	kuorma-auto	[kuorma·auto]
tankwagen (de)	bensiinisäiliöauto	[bensi:ni·sæjliø·auto]
bestelwagen (de)	kuomuauto	[kuomu·auto]
trekker (de)	vetoauto	[ueto·auto
aanhangwagen (de)	perävaunu	[peræ·uaunu]
comfortabel (bn)	mukava	[mukaua]
tweedehands (bn)	käytetty	[kæutetty]

147. Auto's. Carrosserie

motorkap (de)	konepelti	[kone·pelti]
spatbord (het)	lokasuoja	[loka·suoja]
dak (het)	katto	[katto]
voorruit (de)	tuulilasi	[tu:li·lasi]
achterruit (de)	taustapeili	[tausta·pejli]
ruitensproeier (de)	tuulilasinpesin	[tu:lilasin·pesin]
wisserbladen (mv.)	tuulilasinpyyhkimet	[tu:lilasin·py:hkimet]
zijruit (de)	sivulasi	[siuu·lasi]
raamlift (de)	lasinnostin	[lasin·nostin]
antenne (de)	antenni	[antenni]
zonnedak (het)	kattoluukku	[katto·lu:kku]
bumper (de)	puskuri	[puskuri]
koffer (de)	tavaratila	[tauara·tila]
imperiaal (de/het)	takräcke, kattoteline	[takræcke], [kattoteline]
portier (het)	ovi	[oui]
handvat (het)	kahva	[kahua]
slot (het)	lukko	[lukko]
nummerplaat (de)	numero	[numero]
knalpot (de)	vaimennin	[uajmennin]

benzinetank (de)	bensiinitankki	[bensi:ni·taŋkki]
uitlaatpijp (de)	pakoputki	[pako·putki]
gas (het)	kaasu	[ka:su]
pedaal (de/het)	poljin	[poljɪn]
gaspedaal (de/het)	kaasupoljin	[ka:su·poljɪn]
rem (de)	jarru	[jarru]
rempedaal (de/het)	jarrupoljin	[jarru·poljɪn]
remmen (ww)	jarruttaa	[jarrutta:]
handrem (de)	käsijarru	[kæsi·jarru]
koppeling (de)	kytkin	[kytkin]
koppelingspedaal (de/het)	kytkinpoljin	[kytkin·poljɪn]
koppelingsschijf (de)	kytkinlevy	[kytkin·leʋy]
schokdemper (de)	iskari	[iskari]
wiel (het)	rengas	[reŋas]
reservewiel (het)	vararengas	[ʋara·reŋas]
band (de)	rengas	[reŋas]
wieldop (de)	pölykapseli	[pøly·kapseli]
aandrijfwielen (mv.)	vetävät pyörät	[ʋetæʋæt pyøræt]
met voorwielaandrijving	etuveto-	[etuʋeto]
met achterwielaandrijving	takaveto-	[takaʋeto]
met vierwielaandrijving	neliveto-	[neliʋeto]
versnellingsbak (de)	vaihdelaatikko	[ʋajhde·la:tikko]
automatisch (bn)	automaattinen	[automa:ttinen]
mechanisch (bn)	käsivalintainen	[kæsiʋalintajnen]
versnellingspook (de)	vaihdetanko	[ʋajhde·taŋko]
voorlicht (het)	etulyhty	[etulyhty]
voorlichten (mv.)	ajovalot	[ajo·ʋalot]
dimlicht (het)	lähivalot	[læhi·ʋalot]
grootlicht (het)	kaukovalot	[kauko·ʋalot]
stoplicht (het)	jarruvalo	[jarru·ʋalo]
standlichten (mv.)	pysäköintivalot	[pysækøjnti·ʋalot]
noodverlichting (de)	hätävilkut	[hætæ·ʋilkut]
mistlichten (mv.)	sumuvalot	[sumu·ʋalot]
pinker (de)	kääntymisvalo	[kæ:ntymis·ʋalo]
achteruitrijdlicht (het)	peruutusvalo	[peru:tus·ʋalo]

148. Auto's. Passagiersruimte

interieur (het)	sisätila	[sisæ·tila]
leren (van leer gemaak)	nahka-	[nahka]
fluwelen (abn)	veluuri-	[ʋelu:ri]
bekleding (de)	verhoilu	[ʋerhojlu]
toestel (het)	koje	[koje]
instrumentenbord (het)	kojelauta	[koje·lauta]

| snelheidsmeter (de) | nopeusmittari | [nopeus·mittari] |
| pijltje (het) | osoitin | [osojtin] |

kilometerteller (de)	matkamittari	[matka·mittari]
sensor (de)	indikaattori	[indika:ttori]
niveau (het)	taso	[taso]
controlelampje (het)	varoitusvalo	[ʋaroitus·ʋalo]

stuur (het)	ratti	[ratti]
toeter (de)	torvi	[torʋi]
knopje (het)	painike	[pajnike]
schakelaar (de)	kytkin	[kytkin]

stoel (bestuurders~)	istuin	[istujn]
rugleuning (de)	selkänoja	[selkænoja]
hoofdsteun (de)	päänalunen	[pæ:n·alunen]
veiligheidsgordel (de)	turvavyö	[turʋa·ʋyø]
de gordel aandoen	kiinnittää turvavyö	[ki:nnittæ: turʋa·ʋyø]
regeling (de)	säätö	[sæ:tø]

| airbag (de) | turvatyyny | [turʋa·ty:ny] |
| airconditioner (de) | ilmastointilaite | [ilmastojnti·lajte] |

radio (de)	radio	[radio]
CD-speler (de)	CD-levysoitin	[sede·leʋysojtin]
aanzetten (bijv. radio ~)	avata	[aʋata]
antenne (de)	antenni	[antenni]
handschoenenkastje (het)	hansikaslokero	[hansikas·lokero]
asbak (de)	tuhkakuppi	[tuhka·kuppi]

149. Auto's. Motor

motor (de)	moottori	[mo:ttori]
diesel- (abn)	diesel-	[di:sel]
benzine- (~motor)	bensiini-	[bensi:ni]

motorinhoud (de)	moottorin tilavuus	[mo:ttorin tilaʋu:s]
vermogen (het)	teho	[teɦo]
paardenkracht (de)	hevosvoima	[heʋos·ʋojma]
zuiger (de)	mäntä	[mæntæ]
cilinder (de)	sylinteri	[sylinteri]
klep (de)	venttiili	[ʋentti:li]

injectie (de)	injektori	[injektori]
generator (de)	generaattori	[genera:ttori]
carburator (de)	kaasutin	[ka:sutin]
motorolie (de)	koneöljy	[kone·øljy]

radiator (de)	jäähdytin	[jæ:hdytin]
koelvloeistof (de)	jäähdytysneste	[jæ:hdytys·neste]
ventilator (de)	tuuletin	[tu:letin]

| accu (de) | akku | [akku] |
| starter (de) | startti | [startti] |

| contact (ontsteking) | sytytys | [sytytys] |
| bougie (de) | sytytystulppa | [sytytys·tulppa] |

pool (de)	liitin	[li:tin]
positieve pool (de)	plus	[plus]
negatieve pool (de)	miinus	[mi:nus]
zekering (de)	sulake	[sulake]

luchtfilter (de)	ilmasuodatin	[ilma·suodatin]
oliefilter (de)	öljysuodatin	[øljy·suodatin]
benzinefilter (de)	polttoainesuodatin	[polttoajne·suodatin]

150. Auto's. Botsing. Reparatie

auto-ongeval (het)	kolari	[kolari]
verkeersongeluk (het)	liikenneonnettomuus	[li:kenne·onnettomu:s]
aanrijden	törmätä	[tørmætæ]
(tegen een boom, enz.)		
verongelukken (ww)	rysähtää	[rysæhtæ:]
beschadiging (de)	vaurio	[vɑurio]
heelhuids (bn)	ehjä	[ehjæ]

pech (de)	hajoaminen	[hajoaminen]
kapot gaan (zijn gebroken)	mennä rikki	[mennæ rikki]
sleeptouw (het)	hinausvaijeri	[hinɑus·vɑijeri]

lek (het)	reikä	[rejkæ]
lekke krijgen (band)	puhjeta	[puhjeta]
oppompen (ww)	pumpata	[pumpata]
druk (de)	paine	[pajne]
checken (ww)	tarkastaa	[tarkasta:]

reparatie (de)	korjaus	[korjaus]
garage (de)	autopaja, korjaamo	[autopaja], [korja:mo]
wisselstuk (het)	varaosa	[vɑrɑ·osɑ]
onderdeel (het)	osa	[osa]

bout (de)	pultti	[pultti]
schroef (de)	ruuvi	[ru:vi]
moer (de)	mutteri	[mutteri]
sluitring (de)	aluslevy	[alus·levy]
kogellager (de/het)	laakeri	[la:keri]

pijp (de)	putki	[putki]
pakking (de)	tiiviste	[ti:viste]
kabel (de)	johto, johdin	[johto], [johdin]

dommekracht (de)	tunkki	[tuŋkki]
moersleutel (de)	kiintoavain	[ki:nto·avajn]
hamer (de)	vasara	[vɑsɑrɑ]
pomp (de)	pumppu	[pumppu]
schroevendraaier (de)	ruuvitaltta	[ru:vi·taltta]
brandblusser (de)	sammutin	[sammutin]
gevarendriehoek (de)	varoituskolmio	[vɑrojtus·kolmio]

afslaan	sammua	[sammua]
(ophouden te werken)		
uitvallen (het)	sammutus	[sammutus]
zijn gebroken	olla rikki	[olla rikki]

oververhitten (ww)	ylikuumentua	[yliku:mentua]
verstopt raken (ww)	tukkeutua	[tukkeutua]
bevriezen (autodeur, enz.)	jäätyä	[jæ:tyæ]
barsten (leidingen, enz.)	haljeta	[haljeta]

druk (de)	paine	[pajne]
niveau (bijv. olieniveau)	taso	[taso]
slap (de drijfriem is ~)	löysä	[løysæ]

deuk (de)	lommo	[lommo]
geklop (vreemde geluiden)	poikkeava ääni	[poikkeaua æ:ni]
barst (de)	halkeama	[halkeama]
kras (de)	naarmu	[na:rmu]

151. Auto's. Weg

weg (de)	tie	[tie]
snelweg (de)	moottoritie	[mo:ttoritie]
autoweg (de)	maantie	[ma:ntie]
richting (de)	suunta	[su:nta]
afstand (de)	välimatka	[uæli·matka]

brug (de)	silta	[silta]
parking (de)	parkkipaikka	[parkki·pajkka]
plein (het)	aukio	[aukio]
verkeersknooppunt (het)	eritasoliittymä	[eritaso·li:ttymæ]
tunnel (de)	tunneli	[tunneli]

benzinestation (het)	bensiiniasema	[bensi:ni·asema]
parking (de)	parkkipaikka	[parkki·pajkka]
benzinepomp (de)	bensiinipumppu	[bensi:ni·pumppu]
garage (de)	autopaja, korjaamo	[autopaja], [korja:mo]
tanken (ww)	tankata	[taŋkata]
brandstof (de)	polttoaine	[poltto·ajne]
jerrycan (de)	jerrykannu	[jerry·kannu]

asfalt (het)	asfaltti	[asfaltti]
markering (de)	ajoratamerkintä	[ajorata·merkintæ]
trottoirband (de)	reunakiveys	[reuna·kiueus]
geleiderail (de)	suojakaide	[suoja·kajde]
greppel (de)	oja	[oja]
vluchtstrook (de)	piennar	[pænnar]
lichtmast (de)	pylväs	[pyluæs]

besturen (een auto ~)	ajaa	[aja:]
afslaan (naar rechts ~)	kääntää	[kæ:ntæ:]
U-bocht maken (ww)	tehdä u-käännös	[tehdæ u:kæ:nnøs]
achteruit (de)	peruutusvaihde	[peru:tus·uajhde]
toeteren (ww)	tuutata	[tu:tata]

toeter (de)	auton tuuttaus	[auton tu:ttaus]
vastzitten (in modder)	juuttua	[ju:ttua]
spinnen (wielen gaan ~)	pyöriä tyhjää	[pyøriæ tyhjæ:]
uitzetten (ww)	sammuttaa	[sammutta:]

snelheid (de)	nopeus	[nopeus]
een snelheidsovertreding maken	ajaa ylinopeutta	[aja: ylinopeutta]
bekeuren (ww)	sakottaa	[sakotta:]
verkeerslicht (het)	liikennevalot	[li:kenne·valot]
rijbewijs (het)	ajokortti	[ajo·kortti]

overgang (de)	tasoylikäytävä	[taso·ylikæytæuæ]
kruispunt (het)	risteys	[risteys]
zebrapad (oversteekplaats)	suojatie	[suojatæ]
bocht (de)	mutka	[mutka]
voetgangerszone (de)	kävelykatu	[kæuely·katu]

MENSEN. GEBEURTENISSEN IN HET LEVEN

Gebeurtenissen in het leven

152. Vakanties. Evenement

feest (het)	juhla	[juhla]
nationale feestdag (de)	kansallisjuhla	[kansallis·juhla]
feestdag (de)	juhlapäivä	[juhla·pæjʋæ]
herdenken (ww)	juhlia	[juhlia]
gebeurtenis (de)	tapahtuma	[tapahtuma]
evenement (het)	tapahtuma	[tapahtuma]
banket (het)	banketti	[baŋketti]
receptie (de)	vastaanotto	[ʋasta:notto]
feestmaal (het)	juhlat	[juhlat]
verjaardag (de)	vuosipäivä	[ʋuosi·pæjʋæ]
jubileum (het)	juhla, vuosipäivä	[juhla], [ʋuosi·pæjʋæ]
vieren (ww)	juhlia	[juhlia]
Nieuwjaar (het)	uusivuosi	[u:si·ʋuosi]
Gelukkig Nieuwjaar!	Hyvää uutta vuotta!	[hyʋæ: u:tta ʋuotta]
Sinterklaas (de)	Joulupukki	[joulu·pukki]
Kerstfeest (het)	Joulu	[joulu]
Vrolijk kerstfeest!	Hyvää joulua!	[hyʋæ: joulua]
kerstboom (de)	joulukuusi	[joulu·ku:si]
vuurwerk (het)	ilotulitus	[ilo·tulitus]
bruiloft (de)	häät	[hæ:t]
bruidegom (de)	sulhanen	[sulhanen]
bruid (de)	morsian	[morsian]
uitnodigen (ww)	kutsua	[kutsua]
uitnodigingskaart (de)	kutsu, kutsukirje	[kutsu], [kutsu·kirje]
gast (de)	vieras	[ʋieras]
op bezoek gaan	käydä kylässä	[kæydæ kylæssæ]
gasten verwelkomen	tervehtiä vieraat	[terʋehtiæ ʋiera:t]
geschenk, cadeau (het)	lahja	[lahja]
geven (iets cadeau ~)	lahjoittaa	[lahjoitta:]
geschenken ontvangen	saada lahjat	[sa:da lahjat]
boeket (het)	kukkakimppu	[kukka·kimppu]
felicitaties (mv.)	onnittelu	[onnittelu]
feliciteren (ww)	onnitella	[onnitella]
wenskaart (de)	onnittelukortti	[onnittelu·kortti]

| een kaartje versturen | lähettää kortti | [læɦettæ: kortti] |
| een kaartje ontvangen | saada kortti | [sɑ:dɑ kortti] |

toast (de)	maljapuhe	[mɑljɑ·puɦe]
aanbieden (een drankje ~)	kestitä	[kestitæ]
champagne (de)	samppanja	[sɑmppɑnjɑ]

plezier hebben (ww)	huvitella	[huʋitellɑ]
plezier (het)	ilo, hilpeys	[ilo], [hilpeys]
vreugde (de)	ilo	[ilo]

| dans (de) | tanssi | [tɑnssi] |
| dansen (ww) | tanssia | [tɑnssiɑ] |

| wals (de) | valssi | [ʋɑlssi] |
| tango (de) | tango | [tɑŋo] |

153. Begrafenissen. Begrafenis

kerkhof (het)	hautausmaa	[hɑutɑusmɑ:]
graf (het)	hauta	[hɑutɑ]
kruis (het)	risti	[risti]
grafsteen (de)	hautamuistomerkki	[hɑutɑmujsto·merkki]
omheining (de)	aita	[ɑjtɑ]
kapel (de)	kappeli	[kɑppeli]

dood (de)	kuolema	[kuolemɑ]
sterven (ww)	kuolla	[kuollɑ]
overledene (de)	vainaja	[ʋɑjnɑjɑ]
rouw (de)	sureminen	[sureminen]

begraven (ww)	haudata	[hɑudɑtɑ]
begrafenisonderneming (de)	hautaustoimisto	[hɑutɑus·tojmisto]
begrafenis (de)	hautajaiset	[hɑutɑjaiset]

krans (de)	seppele	[seppele]
doodskist (de)	ruumisarkku	[ru:mis·ɑrkku]
lijkwagen (de)	ruumisvaunut	[ru:mis·ʋɑunut]
lijkkleed (de)	käärinliina	[kæ:rin·li:nɑ]

begrafenisstoet (de)	hautajaissaatto	[hɑutɑjais·sɑ:tto]
urn (de)	uurna	[u:rnɑ]
crematorium (het)	krematorio	[krematorio]

overlijdensbericht (het)	muistokirjoitus	[mujsto·kirjoitus]
huilen (wenen)	itkeä	[itkeæ]
snikken (huilen)	nyyhkyttää	[ny:hkyttæ:]

154. Oorlog. Soldaten

| peloton (het) | joukkue | [joukkue] |
| compagnie (de) | komppania | [komppɑniɑ] |

regiment (het)	rykmentti	[rykmentti]
leger (armee)	armeija	[armeja]
divisie (de)	divisioona	[diʋisio:na]

| sectie (de) | joukko | [joukko] |
| troep (de) | armeija | [armeja] |

| soldaat (militair) | sotilas | [sotilas] |
| officier (de) | upseeri | [upse:ri] |

soldaat (rang)	sotamies	[sotamies]
sergeant (de)	kersantti	[kersantti]
luitenant (de)	luutnantti	[lu:tnantti]
kapitein (de)	kapteeni	[kapte:ni]
majoor (de)	majuri	[majuri]
kolonel (de)	eversti	[eʋersti]
generaal (de)	kenraali	[kenra:li]

matroos (de)	merimies	[merimies]
kapitein (de)	kapteeni	[kapte:ni]
bootsman (de)	pursimies	[pursimies]

artillerist (de)	tykkimies	[tykkimies]
valschermjager (de)	desantti	[desantti]
piloot (de)	lentäjä	[lentæjæ]
stuurman (de)	perämies	[peræmies]
mecanicien (de)	konemestari	[kone·mestari]

sappeur (de)	pioneeri	[pione:ri]
parachutist (de)	laskuvarjohyppääjä	[lasku·ʋarjohyppæ:jæ]
verkenner (de)	tiedustelija	[tiedustelija]
scherpschutter (de)	tarkka-ampuja	[tarkka·ampuja]

patrouille (de)	partio	[partio]
patrouilleren (ww)	partioida	[partiojda]
wacht (de)	vartiomies	[ʋartiomies]

| krijger (de) | soturi | [soturi] |
| patriot (de) | patriootti | [patrio:tti] |

| held (de) | sankari | [saŋkari] |
| heldin (de) | sankaritar | [saŋkaritar] |

| verrader (de) | pettäjä, petturi | [pettæjæ], [petturi] |
| verraden (ww) | pettää | [pettæ:] |

| deserteur (de) | karkuri | [karkuri] |
| deserteren (ww) | karata | [karata] |

huurling (de)	palkkasoturi	[palkka·soturi]
rekruut (de)	alokas	[alokas]
vrijwilliger (de)	vapaaehtoinen	[ʋapa:ehtojnen]

gedode (de)	kaatunut	[ka:tunut]
gewonde (de)	haavoittunut	[ha:ʋojttunut]
krijgsgevangene (de)	sotavanki	[sota·ʋaŋki]

155. Oorlog. Militaire acties. Deel 1

oorlog (de)	sota	[sota]
oorlog voeren (ww)	sotia	[sotia]
burgeroorlog (de)	kansalaissota	[kansalajs·sota]
achterbaks (bw)	petollisesti	[petollisesti]
oorlogsverklaring (de)	sodanjulistus	[sodan·julistus]
verklaren (de oorlog ~)	julistaa	[julista:]
agressie (de)	aggressio	[aggressio]
aanvallen (binnenvallen)	hyökätä	[hyøkætæ]
binnenvallen (ww)	hyökätä	[hyøkætæ]
invaller (de)	hyökkääjä	[hyøkkæ:jæ]
veroveraar (de)	valloittaja	[ʋallojttaja]
verdediging (de)	puolustus	[puolustus]
verdedigen (je land ~)	puolustaa	[puolusta:]
zich verdedigen (ww)	puolustautua	[puolustautua]
vijand (de)	vihollinen	[ʋihollinen]
tegenstander (de)	vastustaja	[ʋastustaja]
vijandelijk (bn)	vihollisen	[ʋihollisen]
strategie (de)	strategia	[strategia]
tactiek (de)	taktiikka	[takti:kka]
order (de)	käsky	[kæsky]
bevel (het)	komento	[komento]
bevelen (ww)	käskeä	[kæskeæ]
opdracht (de)	tehtävä	[tehtæʋæ]
geheim (bn)	salainen	[salajnen]
strijd, slag (de)	taistelu	[taistelu]
slag (de)	kamppailu	[kamppajlu]
strijd (de)	taistelu	[taistelu]
aanval (de)	hyökkäys	[hyøkkæys]
bestorming (de)	rynnäkkö	[rynnækkø]
bestormen (ww)	rynnätä	[rynnætæ]
bezetting (de)	piiritys	[pi:ritys]
aanval (de)	hyökkäys	[hyøkkæys]
in het offensief te gaan	hyökätä	[hyøkætæ]
terugtrekking (de)	vetäytyminen	[ʋetæytyminen]
zich terugtrekken (ww)	vetäytyä	[ʋetæytyæ]
omsingeling (de)	motti	[motti]
omsingelen (ww)	motittaa	[motitta:]
bombardement (het)	pommitus	[pommitus]
een bom gooien	heittää pommi	[hejttæ: pommi]
bombarderen (ww)	pommittaa	[pommitta:]
ontploffing (de)	räjähdys	[ræjæhdys]
schot (het)	laukaus	[laukaus]

143

een schot lossen	laukaista	[laukajsta]
schieten (het)	ammunta	[ammunta]
mikken op (ww)	tähdätä	[tæhdætæ]
aanleggen (een wapen ~)	suunnata	[su:nnata]
treffen (doelwit ~)	osua	[osua]
zinken (tot zinken brengen)	upottaa	[upotta:]
kogelgat (het)	aukko	[aukko]
zinken (gezonken zijn)	upota	[upota]
front (het)	rintama	[rintama]
evacuatie (de)	evakuointi	[euakuojnti]
evacueren (ww)	evakuoida	[euakuojda]
loopgraaf (de)	taisteluhauta	[tajstelu·hauta]
prikkeldraad (de)	piikkilanka	[pi:kki·laŋka]
verdedigingsobstakel (het)	este	[este]
wachttoren (de)	torni	[torni]
hospitaal (het)	sotilassairaala	[sotilas·sajra:la]
verwonden (ww)	haavoittaa	[ha:uojtta:]
wond (de)	haava	[ha:ua]
gewonde (de)	haavoittunut	[ha:uojttunut]
gewond raken (ww)	haavoittua	[ha:uojttua]
ernstig (~e wond)	vakava	[uakaua]

156. Wapens

wapens (mv.)	ase	[ase]
vuurwapens (mv.)	ampuma-ase	[ampuma·ase]
koude wapens (mv.)	teräase	[teræase]
chemische wapens (mv.)	kemiallinen ase	[kemiallinen ase]
kern-, nucleair (bn)	ydin-	[ydin]
kernwapens (mv.)	ydinase	[ydin·ase]
bom (de)	pommi	[pommi]
atoombom (de)	ydinpommi	[ydin·pommi]
pistool (het)	pistooli	[pisto:li]
geweer (het)	kivääri	[kiuæ:ri]
machinepistool (het)	konepistooli	[kone·pisto:li]
machinegeweer (het)	konekivääri	[kone·kiuæ:ri]
loop (schietbuis)	suu	[su:]
loop (bijv. geweer met kortere ~)	piippu	[pi:ppu]
kaliber (het)	kaliiperi	[kali:peri]
trekker (de)	liipaisin	[li:pajsin]
korrel (de)	tähtäin	[tæhtæjn]
magazijn (het)	lipas	[lipas]
geweerkolf (de)	perä	[peræ]

| granaat (handgranaat) | käsikranaatti | [kæsi·krɑnɑ:tti] |
| explosieven (mv.) | räjähdysaine | [ræjæhdys·ɑjne] |

kogel (de)	luoti	[luoti]
patroon (de)	patruuna	[pɑtru:nɑ]
lading (de)	panos	[pɑnos]
ammunitie (de)	ampumatarvikkeet	[ɑmpumɑ·tɑrʋikke:t]

bommenwerper (de)	pommikone	[pommi·kone]
straaljager (de)	hävittäjä	[hæʋittæjæ]
helikopter (de)	helikopteri	[helikopteri]

afweergeschut (het)	ilmatorjuntatykki	[ilmɑtorjuntɑ·tykki]
tank (de)	panssarivaunu	[pɑnssɑri·ʋɑunu]
kanon (tank met een ~ van 76 mm)	tykki	[tykki]

artillerie (de)	tykistö	[tykistø]
kanon (het)	tykki	[tykki]
aanleggen (een wapen ~)	suunnata	[su:nnɑtɑ]

projectiel (het)	ammus	[ɑmmus]
mortiergranaat (de)	kranaatti	[krɑnɑ:tti]
mortier (de)	kranaatinheitin	[krɑnɑ:tin·hejtin]
granaatscherf (de)	sirpale	[sirpɑle]

duikboot (de)	sukellusvene	[sukellus·ʋene]
torpedo (de)	torpedo	[torpedo]
raket (de)	raketti	[rɑketti]

laden (geweer, kanon)	ladata	[lɑdɑtɑ]
schieten (ww)	ampua	[ɑmpuɑ]
richten op (mikken)	tähdätä	[tæhdætæ]
bajonet (de)	pistin	[pistin]

degen (de)	pistomiekka	[pisto·miekkɑ]
sabel (de)	sapeli	[sɑpeli]
speer (de)	keihäs	[kejhæs]
boog (de)	jousi	[jousi]
pijl (de)	nuoli	[nuoli]
musket (de)	musketti	[musketti]
kruisboog (de)	jalkajousi	[jɑlkɑ·jousi]

157. Oude mensen

primitief (bn)	alkukantainen	[ɑlkukɑntɑjnen]
voorhistorisch (bn)	esihistoriallinen	[esihistoriɑllinen]
eeuwenoude (~ beschaving)	muinainen	[mujnɑjnen]

Steentijd (de)	kivikausi	[kiʋi·kɑusi]
Bronstijd (de)	pronssikausi	[pronssi·kɑusi]
IJstijd (de)	jääkausi	[jæ:kɑusi]
stam (de)	heimo	[hejmo]
menseneter (de)	ihmissyöjä	[ihmis·syøjæ]

jager (de)	metsästäjä	[metsæstæjæ]
jagen (ww)	metsästää	[metsæstæː]
mammoet (de)	mammutti	[mammutti]

grot (de)	luola	[luola]
vuur (het)	tuli	[tuli]
kampvuur (het)	nuotio	[nuotio]
rotstekening (de)	kalliomaalaus	[kallio·maːlaus]

werkinstrument (het)	työväline	[tyø·uæline]
speer (de)	keihäs	[kejhæs]
stenen bijl (de)	kivikirves	[kiui·kirues]
oorlog voeren (ww)	sotia	[sotia]
temmen (bijv. wolf ~)	kesyttää	[kesyttæː]

idool (het)	epäjumala	[epæ·jumala]
aanbidden (ww)	palvoa	[paluoa]
bijgeloof (het)	taikausko	[tajka·usko]
ritueel (het)	riitti	[riːtti]

evolutie (de)	evoluutio	[euolu:tio]
ontwikkeling (de)	kehitys	[kehitys]
verdwijning (de)	katoaminen	[katoaminen]
zich aanpassen (ww)	sopeutua	[sopeutua]

archeologie (de)	arkeologia	[arkeologia]
archeoloog (de)	arkeologi	[arkeologi]
archeologisch (bn)	muinaistieteellinen	[mujnajs·tiete:llinen]

opgravingsplaats (de)	kaivauskohde	[kajuaus·kohde]
opgravingen (mv.)	kaivaus	[kajuaus]
vondst (de)	löytö	[løytø]
fragment (het)	katkelma	[katkelma]

158. Middeleeuwen

volk (het)	kansa	[kansa]
volkeren (mv.)	kansat	[kansat]
stam (de)	heimo	[hejmo]
stammen (mv.)	heimot	[hejmot]

barbaren (mv.)	barbaarit	[barba:rit]
Galliërs (mv.)	gallialaiset	[gallialajset]
Goten (mv.)	gootit	[go:tit]
Slaven (mv.)	slaavit	[sla:uit]
Vikings (mv.)	viikingit	[ui:kiɳit]

Romeinen (mv.)	roomalaiset	[ro:malajset]
Romeins (bn)	roomalainen	[ro:malajnen]

Byzantijnen (mv.)	bysanttilaiset	[bysanttilajset]
Byzantium (het)	Bysantti	[bysantti]
Byzantijns (bn)	bysanttilainen	[bysanttilajnen]
keizer (bijv. Romeinse ~)	keisari	[kejsari]

opperhoofd (het)	päällikkö	[pæ:llikkø]
machtig (bn)	voimakas	[ʋojmakas]
koning (de)	kuningas	[kuniŋas]
heerser (de)	hallitsija	[hallitsija]

ridder (de)	ritari	[ritari]
feodaal (de)	feodaaliherra	[feoda:li·herra]
feodaal (bn)	feodaali-	[feoda:li]
vazal (de)	vasalli	[ʋasalli]

hertog (de)	herttua	[herttua]
graaf (de)	jaarli	[ja:rli]
baron (de)	paroni	[paroni]
bisschop (de)	piispa	[pi:spa]

harnas (het)	haarniska	[ha:rniska]
schild (het)	kilpi	[kilpi]
zwaard (het)	miekka	[miekka]
vizier (het)	visiiri	[ʋisi:ri]
maliënkolder (de)	silmukkapanssari	[silmukka·panssari]

| kruistocht (de) | ristiretki | [risti·retki] |
| kruisvaarder (de) | ristiretkeläinen | [ristiretke·læjnen] |

gebied (bijv. bezette ~en)	alue	[alue]
aanvallen (binnenvallen)	hyökätä	[hyøkætæ]
veroveren (ww)	valloittaa	[ʋallojtta:]
innemen (binnenvallen)	miehittää	[miehittæ:]

bezetting (de)	piiritys	[pi:ritys]
belegerd (bn)	piiritetty	[pi:ritetty]
belegeren (ww)	piirittää	[pi:rittæ:]

inquisitie (de)	inkvisitio	[iŋkʋisitio]
inquisiteur (de)	inkvisiittori	[iŋkʋisi:ttori]
foltering (de)	kidutus	[kidutus]
wreed (bn)	julma	[julma]
ketter (de)	harhaoppinen	[harhaoppinen]
ketterij (de)	harhaoppi	[harha·oppi]

zeevaart (de)	merenkulku	[meren·kulku]
piraat (de)	merirosvo	[meri·rosʋo]
piraterij (de)	merirosvous	[meri·rosʋous]
enteren (het)	entraus	[entraus]

| buit (de) | saalis | [sa:lis] |
| schatten (mv.) | aarteet | [a:rte:t] |

ontdekking (de)	löytö	[løytø]
ontdekken (bijv. nieuw land)	avata	[aʋata]
expeditie (de)	retki	[retki]

musketier (de)	muskettisoturi	[musketti·soturi]
kardinaal (de)	kardinaali	[kardina:li]
heraldiek (de)	heraldiikka	[heraldi:kka]
heraldisch (bn)	heraldinen	[heraldinen]

159. Leider. Baas. Autoriteiten

koning (de)	kuningas	[kuniŋɑs]
koningin (de)	kuningatar	[kuniŋɑtɑr]
koninklijk (bn)	kuningas-	[kuniŋɑs·]
koninkrijk (het)	kuningaskunta	[kuniŋɑs·kuntɑ]

| prins (de) | prinssi | [prinssi] |
| prinses (de) | prinsessa | [prinsessɑ] |

president (de)	presidentti	[presidentti]
vicepresident (de)	varapresidentti	[ʋɑrɑ·presidentti]
senator (de)	senaattori	[senɑːttori]

monarch (de)	monarkki	[monɑrkki]
heerser (de)	hallitsija	[hɑllitsijɑ]
dictator (de)	diktaattori	[diktɑːttori]
tiran (de)	tyranni	[tyrɑnni]
magnaat (de)	magnaatti	[mɑgnɑːtti]

directeur (de)	johtaja	[johtɑjɑ]
chef (de)	esimies	[esimies]
beheerder (de)	johtaja	[johtɑjɑ]
baas (de)	pomo	[pomo]
eigenaar (de)	omistaja	[omistɑjɑ]

leider (de)	johtaja	[johtɑjɑ]
hoofd	johtaja	[johtɑjɑ]
(bijv. ~ van de delegatie)		
autoriteiten (mv.)	viranomaiset	[ʋirɑnomɑjset]
superieuren (mv.)	esimiehet	[esimiehet]

gouverneur (de)	kuvernööri	[kuʋernøːri]
consul (de)	konsuli	[konsuli]
diplomaat (de)	diplomaatti	[diplomɑːtti]
burgemeester (de)	kaupunginjohtaja	[kɑupuŋin·johtɑjɑ]
sheriff (de)	seriffi	[seriffi]

keizer (bijv. Romeinse ~)	keisari	[kejsɑri]
tsaar (de)	tsaari	[tsɑːri]
farao (de)	farao	[fɑrɑo]
kan (de)	kaani	[kɑːni]

160. De wet overtreden. Criminelen. Deel 1

bandiet (de)	rosvo	[rosʋo]
misdaad (de)	rikos	[rikos]
misdadiger (de)	rikollinen	[rikollinen]

dief (de)	varas	[ʋɑrɑs]
stelen (ww)	varastaa	[ʋɑrɑstɑː]
stelen, diefstal (de)	varkaus	[ʋɑrkɑus]
diefstal (de)	varkaus	[ʋɑrkɑus]

kidnappen (ww)	kidnapata	[kidnapata]
kidnapping (de)	ihmisryöstö	[ihmis·ryøstø]
kidnapper (de)	ihmisryöstäjä	[ihmis·ryøstæjæ]
losgeld (het)	lunnaat	[lunnɑ:t]
eisen losgeld (ww)	vaatia lunnaat	[ʋɑ:tia lunnɑ:t]
overvallen (ww)	ryöstää	[ryøstæ:]
overval (de)	ryöstö	[ryøstø]
overvaller (de)	ryöstäjä	[ryøstæjæ]
afpersen (ww)	kiristää	[kiristæ:]
afperser (de)	kiristäjä	[kiristæjæ]
afpersing (de)	kiristys	[kiristys]
vermoorden (ww)	murhata	[murhata]
moord (de)	murha	[murha]
moordenaar (de)	murhaaja	[murhɑ:ja]
schot (het)	laukaus	[laukaus]
een schot lossen	laukaista	[laukajsta]
neerschieten (ww)	ampua alas	[ampua alas]
schieten (ww)	ampua	[ampua]
schieten (het)	ammunta	[ammunta]
ongeluk (gevecht, enz.)	tapahtuma	[tapahtuma]
gevecht (het)	tappelu	[tappelu]
slachtoffer (het)	uhri	[uhri]
beschadigen (ww)	vaurioittaa	[ʋauriojtta:]
schade (de)	vahinko	[ʋahiŋko]
lijk (het)	ruumis	[ru:mis]
zwaar (~ misdrijf)	törkeä	[tørkeæ]
aanvallen (ww)	hyökätä	[hyøkætæ]
slaan (iemand ~)	lyödä	[lyødæ]
in elkaar slaan (toetakelen)	hakata	[hakata]
ontnemen (beroven)	rosvota	[rosʋota]
steken (met een mes)	puukottaa	[pu:kotta:]
verminken (ww)	vammauttaa	[ʋammautta:]
verwonden (ww)	haavoittaa	[hɑ:ʋojtta:]
chantage (de)	kiristys	[kiristys]
chanteren (ww)	kiristää	[kiristæ:]
chanteur (de)	kiristäjä	[kiristæjæ]
afpersing (de)	suojelurahan kiristys	[suojelurahan kiristys]
afperser (de)	kiristäjä	[kiristæjæ]
gangster (de)	gangsteri	[gaŋsteri]
maffia (de)	mafia	[mafia]
kruimeldief (de)	taskuvaras	[tasku·ʋaras]
inbreker (de)	murtovaras	[murto·ʋaras]
smokkelen (het)	salakuljetus	[sala·kuljetus]
smokkelaar (de)	salakuljettaja	[sala·kuljettaja]
namaak (de)	väärennös	[ʋæ:rennøs]

| namaken (ww) | väärentää | [ʋæ:rentæ:] |
| namaak-, vals (bn) | väärennetty | [ʋæ:rennetty] |

161. De wet overtreden. Criminelen. Deel 2

verkrachting (de)	raiskaus	[rɑjskɑus]
verkrachten (ww)	raiskata	[rɑjskɑtɑ]
verkrachter (de)	raiskaaja	[rɑjskɑ:jɑ]
maniak (de)	maanikko	[mɑ:nikko]

prostituee (de)	prostituoitu	[prostituojtu]
prostitutie (de)	prostituutio	[prostitu:tio]
pooier (de)	sutenööri	[sutenø:ri]

| drugsverslaafde (de) | narkomaani | [nɑrkomɑ:ni] |
| drugshandelaar (de) | huumekauppias | [hu:me·kɑuppiɑs] |

opblazen (ww)	räjäyttää	[ræjæyttæ:]
explosie (de)	räjähdys	[ræjæhdys]
in brand steken (ww)	sytyttää	[sytyttæ:]
brandstichter (de)	tuhopolttaja	[tuɦo·polttɑjɑ]

terrorisme (het)	terrorismi	[terrorismi]
terrorist (de)	terroristi	[terroristi]
gijzelaar (de)	panttivanki	[pɑntti·ʋɑŋki]

bedriegen (ww)	pettää	[pettæ:]
bedrog (het)	petos	[petos]
oplichter (de)	huijari	[huijɑri]

omkopen (ww)	lahjoa	[lɑhjoɑ]
omkoperij (de)	lahjonta	[lɑhjontɑ]
smeergeld (het)	lahjus	[lɑhjus]

vergif (het)	myrkky	[myrkky]
vergiftigen (ww)	myrkyttää	[myrkyttæ:]
vergif innemen (ww)	myrkyttää itsensä	[myrkyttæ: itsensɑ]

| zelfmoord (de) | itsemurha | [itse·murhɑ] |
| zelfmoordenaar (de) | itsemurhaaja | [itse·murhɑ:jɑ] |

bedreigen (bijv. met een pistool)	uhata	[uɦɑtɑ]
bedreiging (de)	uhkaus	[uhkɑus]
een aanslag plegen	tehdä murhayritys	[tehdæ murhɑyritys]
aanslag (de)	murhayritys	[murhɑ·yritys]

| stelen (een auto) | viedä | [ʋiedæ] |
| kapen (een vliegtuig) | kaapata | [kɑ:pɑtɑ] |

wraak (de)	kosto	[kosto]
wreken (ww)	kostaa	[kostɑ:]
martelen (gevangenen)	kiduttaa	[kiduttɑ:]
foltering (de)	kidutus	[kidutus]

folteren (ww)	piinata	[pi:nata]
piraat (de)	merirosvo	[meri·rosuo]
straatschender (de)	huligaani	[huliga:ni]
gewapend (bn)	aseellinen	[ase:llinen]
geweld (het)	väkivalta	[uækiualta]
onwettig (strafbaar)	laiton	[lajton]

spionage (de)	vakoilu	[uakojlu]
spioneren (ww)	vakoilla	[uakojlla]

162. Politie. Wet. Deel 1

justitie (de)	oikeus	[ojkeus]
gerechtshof (het)	tuomioistuin	[tuomiojstuin]

rechter (de)	tuomari	[tuomari]
jury (de)	valamiehistö	[ualamie·histø]
juryrechtspraak (de)	valamiesoikeus	[ualamies·ojkeus]
berechten (ww)	tuomita	[tuomita]

advocaat (de)	asianajaja	[asianajaja]
beklaagde (de)	syytetty	[sy:tetty]
beklaagdenbank (de)	syytettyjen penkki	[sy:tettyjen peŋkki]

beschuldiging (de)	syyte	[sy:te]
beschuldigde (de)	syytetty	[sy:tetty]

vonnis (het)	tuomio	[tuomio]
veroordelen (in een rechtszaak)	tuomita	[tuomita]

schuldige (de)	syypää	[sy:pæ:]
straffen (ww)	rangaista	[raŋajsta]
bestraffing (de)	rangaistus	[raŋajstus]

boete (de)	sakko	[sakko]
levenslange opsluiting (de)	elinkautinen vankeustuomio	[eliŋkautinen uaŋkeus·tuomio]
doodstraf (de)	kuolemanrangaistus	[kuoleman·raŋajstus]
elektrische stoel (de)	sähkötuoli	[sæhkø·tuoli]
schavot (het)	hirsipuu	[hirsipu:]

executeren (ww)	teloittaa	[telojtta:]
executie (de)	teloitus	[telojtus]

gevangenis (de)	vankila	[uaŋkila]
cel (de)	selli	[selli]

konvooi (het)	saattovartio	[sa:tto·uartio]
gevangenisbewaker (de)	vanginvartija	[uaŋin·uartija]
gedetineerde (de)	vanki	[uaŋki]

handboeien (mv.)	käsiraudat	[kæsi·raudat]
handboeien omdoen	panna käsirautoihin	[panna kæsi·rautojhin]

151

ontsnapping (de)	karkaus	[karkaus]
ontsnappen (ww)	karata	[karata]
verdwijnen (ww)	kadota	[kadota]
vrijlaten (uit de gevangenis)	vapauttaa	[vapautta:]
amnestie (de)	armahdus	[armahdus]

politie (de)	poliisi	[poli:si]
politieagent (de)	poliisi	[poli:si]
politiebureau (het)	poliisiasema	[poli:si·asema]
knuppel (de)	kumipamppu	[kumi·pamppu]
megafoon (de)	megafoni	[megafoni]

patrouilleerwagen (de)	vartioauto	[vartio·auto]
sirene (de)	sireeni	[sire:ni]
de sirene aansteken	käynnistää sireeni	[kæynnistæ: sire:ni]
geloei (het) van de sirene	sireenin ulvonta	[sire:nin ulvonta]

plaats delict (de)	tapahtumapaikka	[tapahtuma·pajkka]
getuige (de)	todistaja	[todistaja]
vrijheid (de)	vapaus	[vapaus]
handlanger (de)	rikoskumppani	[rikos·kumppani]
ontvluchten (ww)	paeta	[paeta]
spoor (het)	jälki	[jælki]

163. Politie. Wet. Deel 2

opsporing (de)	etsintä	[etsintæ]
opsporen (ww)	etsiä	[etsiæ]
verdenking (de)	epäily	[epæjly]
verdacht (bn)	epäilyttävä	[epæjlyttæuæ]
aanhouden (stoppen)	pysäyttää	[pysæyttæ:]
tegenhouden (ww)	pidättää	[pidættæ:]

strafzaak (de)	asia	[asia]
onderzoek (het)	tutkinta	[tutkinta]
detective (de)	etsivä	[etsiuæ]
onderzoeksrechter (de)	rikostutkija	[rikos·tutkija]
versie (de)	hypoteesi	[hypote:si]

motief (het)	motiivi	[moti:ui]
verhoor (het)	kuulustelu	[ku:lustelu]
ondervragen (door de politie)	kuulustella	[ku:lustella]
ondervragen (omstanders ~)	kuulustella	[ku:lustella]
controle (de)	tarkastus	[tarkastus]

razzia (de)	ratsia	[ratsia]
huiszoeking (de)	etsintä	[etsintæ]
achtervolging (de)	takaa-ajo	[taka:ajo]
achtervolgen (ww)	ajaa takaa	[aja: taka:]
opsporen (ww)	jäljittää	[jæljittæ:]
arrest (het)	vangitseminen	[vaŋitseminen]
arresteren (ww)	vangita	[vaŋita]
vangen, aanhouden (een dief, enz.)	ottaa kiinni	[otta: ki:nni]

aanhouding (de)	**vangitseminen**	[vaŋitseminen]
document (het)	**asiakirja**	[asia·kirja]
bewijs (het)	**todiste**	[todiste]
bewijzen (ww)	**todistaa**	[todistɑ:]
voetspoor (het)	**jalanjälki**	[jalan·jælki]
vingerafdrukken (mv.)	**sormenjäljet**	[sormen·jæljet]
bewijs (het)	**todiste**	[todiste]
alibi (het)	**alibi**	[alibi]
onschuldig (bn)	**syytön**	[sy:tøn]
onrecht (het)	**epäoikeudenmukaisuus**	[epæojkeuden·mukɑjsu:s]
onrechtvaardig (bn)	**epäoikeudenmukainen**	[epæojkeuden·mukɑjnen]
crimineel (bn)	**rikollinen**	[rikollinen]
confisqueren	**takavarikoida**	[takavɑrikojdɑ]
(in beslag nemen)		
drug (de)	**huume**	[hu:me]
wapen (het)	**ase**	[ase]
ontwapenen (ww)	**riisua aseista**	[ri:suɑ asejstɑ]
bevelen (ww)	**käskeä**	[kæskeæ]
verdwijnen (ww)	**kadota**	[kadotɑ]
wet (de)	**laki**	[laki]
wettelijk (bn)	**laillinen**	[lajllinen]
onwettelijk (bn)	**laiton**	[lajton]
verantwoordelijkheid (de)	**vastuu**	[vɑstu:]
verantwoordelijk (bn)	**vastuunalainen**	[vɑstu:nalɑjnen]

NATUUR

De Aarde. Deel 1

164. De kosmische ruimte

kosmos (de)	avaruus	[avaru:s]
kosmisch (bn)	avaruus-	[avaru:s]
kosmische ruimte (de)	avaruus	[avaru:s]
wereld (de)	maailma	[ma:jlma]
heelal (het)	maailmankaikkeus	[ma:ilman·kajkkeus]
sterrenstelsel (het)	galaksi	[galaksi]
ster (de)	tähti	[tæhti]
sterrenbeeld (het)	tähtikuvio	[tæhti·kuvio]
planeet (de)	planeetta	[plane:tta]
satelliet (de)	satelliitti	[satelli:tti]
meteoriet (de)	meteoriitti	[meteori:tti]
komeet (de)	pyrstötähti	[pyrstø·tæhti]
asteroïde (de)	asteroidi	[asterojdi]
baan (de)	kiertorata	[kierto·rata]
draaien (om de zon, enz.)	kiertää	[kærtæ:]
atmosfeer (de)	ilmakehä	[ilmakeħæ]
Zon (de)	Aurinko	[aurinko]
zonnestelsel (het)	Aurinkokunta	[aurinko·kunta]
zonsverduistering (de)	auringonpimennys	[aurinon·pimenys]
Aarde (de)	Maa	[ma:]
Maan (de)	Kuu	[ku:]
Mars (de)	Mars	[mars]
Venus (de)	Venus	[venus]
Jupiter (de)	Jupiter	[jupiter]
Saturnus (de)	Saturnus	[saturnus]
Mercurius (de)	Merkurius	[merkurius]
Uranus (de)	Uranus	[uranus]
Neptunus (de)	Neptunus	[neptunus]
Pluto (de)	Pluto	[pluto]
Melkweg (de)	Linnunrata	[linnun·rata]
Grote Beer (de)	Otava	[otava]
Poolster (de)	Pohjantähti	[pohjan·tæhti]
marsmannetje (het)	marsilainen	[marsilajnen]
buitenaards wezen (het)	avaruusolio	[avaru:soljo]

bovenaards (het)	avaruusolento	[aʋaru:s·olento]
vliegende schotel (de)	lentävä lautanen	[lentæʋæ lautanen]
ruimtevaartuig (het)	avaruusalus	[aʋaru:s·alus]
ruimtestation (het)	avaruusasema	[aʋaru:s·asema]
start (de)	startti	[startti]
motor (de)	moottori	[mo:ttori]
straalpijp (de)	suutin	[su:tin]
brandstof (de)	polttoaine	[poltto·ajne]
cabine (de)	ohjaamo	[ohja:mo]
antenne (de)	antenni	[antenni]
patrijspoort (de)	valoventtiili	[ʋaloʋentti:li]
zonnebatterij (de)	aurinkokennosto	[auriŋko·keŋosto]
ruimtepak (het)	avaruuspuku	[aʋaru:s·puku]
gewichtloosheid (de)	painottomuus	[pajnottomu:s]
zuurstof (de)	happi	[happi]
koppeling (de)	telakointi	[telakojnti]
koppeling maken	tehdä telakointi	[tehdæ telakojnti]
observatorium (het)	observatorio	[obserʋatorio]
telescoop (de)	teleskooppi	[telesko:ppi]
waarnemen (ww)	tarkkailla	[tarkkajlla]
exploreren (ww)	tutkia	[tutkia]

165. De Aarde

Aarde (de)	Maa	[ma:]
aardbol (de)	maapallo	[ma:pallo]
planeet (de)	planeetta	[plane:tta]
atmosfeer (de)	ilmakehä	[ilmakeɦæ]
aardrijkskunde (de)	maantiede	[ma:n·tiede]
natuur (de)	luonto	[luonto]
wereldbol (de)	karttapallo	[kartta·pallo]
kaart (de)	kartta	[kartta]
atlas (de)	atlas	[atlas]
Europa (het)	Eurooppa	[euro:ppa]
Azië (het)	Aasia	[a:sia]
Afrika (het)	Afrikka	[afrikka]
Australië (het)	Australia	[australia]
Amerika (het)	Amerikka	[amerikka]
Noord-Amerika (het)	Pohjois-Amerikka	[pohjois·amerikka]
Zuid-Amerika (het)	Etelä-Amerikka	[etelæ·amerikka]
Antarctica (het)	Etelämanner	[etelæmanner]
Arctis (de)	Arktis	[arktis]

166. Windrichtingen

noorden (het)	pohjola	[pohjola]
naar het noorden	pohjoiseen	[pohjoise:n]
in het noorden	pohjoisessa	[pohjoisessa]
noordelijk (bn)	pohjois-, pohjoinen	[pohjois], [pohjoinen]
zuiden (het)	etelä	[etelæ]
naar het zuiden	etelään	[etelæ:n]
in het zuiden	etelässä	[etelæssæ]
zuidelijk (bn)	etelä-, eteläinen	[etelæ], [etelæjnen]
westen (het)	länsi	[lænsi]
naar het westen	länteen	[lænte:n]
in het westen	lännessä	[lænnessæ]
westelijk (bn)	länsi-, läntinen	[lænsi], [læntinen]
oosten (het)	itä	[itæ]
naar het oosten	itään	[itæ:n]
in het oosten	idässä	[idæssæ]
oostelijk (bn)	itä-, itäinen	[itæ], [itæjnen]

167. Zee. Oceaan

zee (de)	meri	[meri]
oceaan (de)	valtameri	[valta·meri]
golf (baai)	lahti	[lahti]
straat (de)	salmi	[salmi]
grond (vaste grond)	maa	[mɑ:]
continent (het)	manner	[manner]
eiland (het)	saari	[sɑ:ri]
schiereiland (het)	niemimaa	[niemi·mɑ:]
archipel (de)	saaristo	[sɑ:risto]
baai, bocht (de)	lahti, poukama	[lahti], [poukama]
haven (de)	satama	[satama]
lagune (de)	laguuni	[lagu:ni]
kaap (de)	niemi	[niemi]
atol (de)	atolli	[atolli]
rif (het)	riutta	[riutta]
koraal (het)	koralli	[koralli]
koraalrif (het)	koralliriutta	[koralli·riutta]
diep (bn)	syvä	[syvæ]
diepte (de)	syvyys	[syvy:s]
diepzee (de)	syvänne	[syvænne]
trog (bijv. Marianentrog)	hauta	[hauta]
stroming (de)	virta	[virta]
omspoelen (ww)	huuhdella	[hu:hdella]
oever (de)	merenranta	[meren·ranta]

kust (de)	rannikko	[rannikko]
vloed (de)	vuoksi	[ʋuoksi]
eb (de)	laskuvesi	[lasku·ʋesi]
ondiepte (ondiep water)	matalikko	[matalikko]
bodem (de)	pohja	[pohja]

golf (hoge ~)	aalto	[aːlto]
golfkam (de)	aallonharja	[aːllon·harja]
schuim (het)	vaahto	[ʋaːhto]

storm (de)	myrsky	[myrsky]
orkaan (de)	hirmumyrsky	[hirmu·myrsky]
tsunami (de)	tsunami	[tsunami]
windstilte (de)	tyyni	[tyːyni]
kalm (bijv. ~e zee)	rauhallinen	[rauhallinen]

| pool (de) | napa | [napa] |
| polair (bn) | napa-, polaarinen | [napa], [polaːrinen] |

breedtegraad (de)	leveyspiiri	[leʋeys·piːri]
lengtegraad (de)	pituus	[pituːs]
parallel (de)	leveyspiiri	[leʋeys·piːri]
evenaar (de)	päiväntasaaja	[pæjʋæn·tasaːja]

hemel (de)	taivas	[tajʋas]
horizon (de)	horisontti	[horisontti]
lucht (de)	ilma	[ilma]

vuurtoren (de)	majakka	[majakka]
duiken (ww)	sukeltaa	[sukeltaː]
zinken (ov. een boot)	upota	[upota]
schatten (mv.)	aarteet	[aːrteːt]

168. Bergen

berg (de)	vuori	[ʋuori]
bergketen (de)	vuorijono	[ʋuori·jono]
gebergte (het)	vuorenharjanne	[ʋuoren·harjanne]

bergtop (de)	huippu	[hujppu]
bergpiek (de)	vuorenhuippu	[ʋuoren·hujppu]
voet (ov. de berg)	juuri	[juːri]
helling (de)	rinne	[rinne]

vulkaan (de)	tulivuori	[tuli·ʋuori]
actieve vulkaan (de)	toimiva tulivuori	[tojmiʋa tuli·ʋuori]
uitgedoofde vulkaan (de)	sammunut tulivuori	[sammunut tuli·ʋuori]

uitbarsting (de)	purkaus	[purkaus]
krater (de)	kraatteri	[kraːteri]
magma (het)	magma	[magma]
lava (de)	laava	[laːʋa]
gloeiend (~e lava)	sulaa, hehkuva	[sulaː], [hehkuʋa]
kloof (canyon)	kanjoni	[kanjoni]

bergkloof (de)	rotko	[rotko]
spleet (de)	halkeama	[halkeama]
afgrond (de)	kuilu	[kujlu]

bergpas (de)	sola	[sola]
plateau (het)	ylätasanko	[ylæ·tasaŋko]
klip (de)	kalju	[kalju]
heuvel (de)	mäki	[mæki]

gletsjer (de)	jäätikkö	[jæ:tikkø]
waterval (de)	vesiputous	[ʋesi·putous]
geiser (de)	geisir	[gejsir]
meer (het)	järvi	[jærʋi]

vlakte (de)	tasanko	[tasaŋko]
landschap (het)	maisema	[majsema]
echo (de)	kaiku	[kajku]

alpinist (de)	vuorikiipeilijä	[ʋuori·ki:pejlijæ]
bergbeklimmer (de)	vuorikiipeilijä	[ʋuori·ki:pejlijæ]
trotseren (berg ~)	valloittaa	[ʋallojtta:]
beklimming (de)	nousu	[nousu]

169. Rivieren

rivier (de)	joki	[joki]
bron (~ van een rivier)	lähde	[læhde]
rivierbedding (de)	uoma	[uoma]
rivierbekken (het)	joen vesistö	[joen ʋesistø]
uitmonden in ...	laskea	[laskea]

zijrivier (de)	sivujoki	[siʋu·joki]
oever (de)	ranta	[ranta]

stroming (de)	virta	[ʋirta]
stroomafwaarts (bw)	myötävirtaan	[myøtæʋirta:n]
stroomopwaarts (bw)	ylävirtaan	[ylæ·ʋirta:n]

overstroming (de)	tulva	[tulʋa]
overstroming (de)	kevättulva	[keʋæt·tulʋa]
buiten zijn oevers treden	tulvia	[tulʋia]
overstromen (ww)	upottaa	[upotta:]

zandbank (de)	matalikko	[matalikko]
stroomversnelling (de)	koski	[koski]

dam (de)	pato	[pato]
kanaal (het)	kanava	[kanaʋa]
spaarbekken (het)	vedensäiliö	[ʋeden·sæjliø]
sluis (de)	sulku	[sulku]

waterlichaam (het)	vesistö	[ʋesistø]
moeras (het)	suo	[suo]
broek (het)	hete	[hete]

draaikolk (de)	vesipyörre	[ʋesi·pyørre]
stroom (de)	puro	[puro]
drink- (abn)	juoma-	[yoma]
zoet (~ water)	makea	[makea]

| ijs (het) | jää | [jæ:] |
| bevriezen (rivier, enz.) | jäätyä | [jæ:tyæ] |

170. Bos

| bos (het) | metsä | [metsæ] |
| bos- (abn) | metsä- | [metsæ] |

oerwoud (dicht bos)	tiheikkö	[tiɦejkkø]
bosje (klein bos)	lehto	[lehto]
open plek (de)	aho	[aɦo]

| struikgewas (het) | tiheikkö | [tiɦejkkø] |
| struiken (mv.) | pensasaro | [pensas·aro] |

| paadje (het) | polku | [polku] |
| ravijn (het) | rotko | [rotko] |

boom (de)	puu	[pu:]
blad (het)	lehti	[lehti]
gebladerte (het)	lehvistö	[lehʋistø]

vallende bladeren (mv.)	lehdenlähtö	[lehden·læhtø]
vallen (ov. de bladeren)	karista	[karista]
boomtop (de)	latva	[latʋa]

tak (de)	oksa	[oksa]
ent (de)	oksa	[oksa]
knop (de)	silmu	[silmu]
naald (de)	neulanen	[neulanen]
dennenappel (de)	käpy	[kæpy]

boom holte (de)	pesäkolo	[pesæ·kolo]
nest (het)	pesä	[pesæ]
hol (het)	kolo	[kolo]

stam (de)	runko	[ruŋko]
wortel (bijv. boom~s)	juuri	[ju:ri]
schors (de)	kuori	[kuori]
mos (het)	sammal	[sammal]

ontwortelen (een boom)	juuria	[ju:ria]
kappen (een boom ~)	hakata	[hakata]
ontbossen (ww)	kaataa puita	[ka:ta: pujta]
stronk (de)	kanto	[kanto]

kampvuur (het)	nuotio	[nuotio]
bosbrand (de)	metsäpalo	[metsæ·palo]
blussen (ww)	sammuttaa	[sammutta:]

boswachter (de)	metsänvartija	[metsæn·ʋɑrtijɑ]
bescherming (de)	suojelu	[suojelu]
beschermen	suojella	[suojellɑ]
(bijv. de natuur ~)		
stroper (de)	salametsästäjä	[sɑlɑ·metsæstæjæ]
val (de)	raudat	[rɑudɑt]

plukken (paddestoelen ~)	sienestää	[sienestæ:]
plukken (bessen ~)	marjastaa	[mɑrjɑstɑ:]
verdwalen (de weg kwijt zijn)	eksyä	[eksyæ]

171. Natuurlijke hulpbronnen

natuurlijke rijkdommen (mv.)	luonnonvarat	[luonnon·ʋɑrɑt]
delfstoffen (mv.)	fossiiliset resurssit	[fossi:liset resurssit]
lagen (mv.)	esiintymä	[esi:ntymæ]
veld (bijv. olie~)	kenttä	[kenttæ]

winnen (uit erts ~)	louhia	[louhiɑ]
winning (de)	kaivostoiminta	[kɑjʋos·tojmintɑ]
erts (het)	malmi	[mɑlmi]
mijn (bijv. kolenmijn)	kaivos	[kɑjʋos]
mijnschacht (de)	kaivos	[kɑjʋos]
mijnwerker (de)	kaivosmies	[kɑjʋosmies]

gas (het)	kaasu	[kɑ:su]
gasleiding (de)	maakaasuputki	[mɑ:kɑ:su·putki]

olie (aardolie)	öljy	[øljy]
olieleiding (de)	öljyjohto	[øljy·johto]
oliebron (de)	öljynporausreikä	[øljyn·porɑus·rejkæ]
boortoren (de)	öljynporaustorni	[øljyn·porɑus·torni]
tanker (de)	tankkilaiva	[tɑŋkki·lɑjʋɑ]

zand (het)	hiekka	[hiekkɑ]
kalksteen (de)	kalkkikivi	[kɑlkki·kiʋi]
grind (het)	sora	[sorɑ]
veen (het)	turve	[turʋe]
klei (de)	savi	[sɑʋi]
steenkool (de)	hiili	[hi:li]

ijzer (het)	rauta	[rɑutɑ]
goud (het)	kulta	[kultɑ]
zilver (het)	hopea	[hopeɑ]
nikkel (het)	nikkeli	[nikkeli]
koper (het)	kupari	[kupɑri]

zink (het)	sinkki	[siŋkki]
mangaan (het)	mangaani	[mɑŋɑ:ni]
kwik (het)	elohopea	[elo·hopeɑ]
lood (het)	lyijy	[lyjy]

mineraal (het)	mineraali	[minerɑ:li]
kristal (het)	kristalli	[kristɑlli]

marmer (het)	**marmori**	[mɑrmori]
uraan (het)	**uraani**	[urɑːni]

De Aarde. Deel 2

172. Weer

weer (het)	sää	[sæ:]
weersvoorspelling (de)	sääennuste	[sæ:ennuste]
temperatuur (de)	lämpötila	[læmpøtila]
thermometer (de)	lämpömittari	[læmpø·mittari]
barometer (de)	ilmapuntari	[ilma·puntari]
vochtig (bn)	kostea	[kostea]
vochtigheid (de)	kosteus	[kosteus]
hitte (de)	helle	[helle]
heet (bn)	kuuma	[ku:ma]
het is heet	on kuumaa	[on ku:ma:]
het is warm	on lämmintä	[on læmmintæ]
warm (bn)	lämmin	[læmmin]
het is koud	on kylmää	[on kylmæ:]
koud (bn)	kylmä	[kylmæ]
zon (de)	aurinko	[auriŋko]
schijnen (de zon)	paistaa	[pajsta:]
zonnig (~e dag)	aurinkoinen	[auriŋkojnen]
opgaan (ov. de zon)	nousta	[nousta]
ondergaan (ww)	istuutua	[istu:tua]
wolk (de)	pilvi	[pilui]
bewolkt (bn)	pilvinen	[piluinen]
regenwolk (de)	sadepilvi	[sade·pilui]
somber (bn)	hämärä	[hæmæræ]
regen (de)	sade	[sade]
het regent	sataa vettä	[sata: uettæ]
regenachtig (bn)	sateinen	[satejnen]
motregenen (ww)	vihmoa	[uihmoa]
plensbui (de)	kaatosade	[ka:to·sade]
stortbui (de)	rankkasade	[raŋkka·sade]
hard (bn)	rankka	[raŋkka]
plas (de)	lätäkkö	[lætækkø]
nat worden (ww)	tulla märäksi	[tulla mæræksi]
mist (de)	sumu	[sumu]
mistig (bn)	sumuinen	[sumujnen]
sneeuw (de)	lumi	[lumi]
het sneeuwt	sataa lunta	[sata: lunta]

173. Zwaar weer. Natuurrampen

noodweer (storm)	ukkonen	[ukkonen]
bliksem (de)	salama	[salama]
flitsen (ww)	välkkyä	[ʋælkkyæ]
donder (de)	ukkonen	[ukkonen]
donderen (ww)	jyristä	[yristæ]
het dondert	ukkonen jyrisee	[ukkonen yrise:]
hagel (de)	raesade	[raesade]
het hagelt	sataa rakeita	[sata: rakejta]
overstromen (ww)	upottaa	[upotta:]
overstroming (de)	tulva	[tulʋa]
aardbeving (de)	maanjäristys	[ma:n·jaristys]
aardschok (de)	maantärähdys	[ma:n·tæræhdys]
epicentrum (het)	episentrumi	[episentrumi]
uitbarsting (de)	purkaus	[purkaus]
lava (de)	laava	[la:ʋa]
wervelwind (de)	pyörremyrsky	[pyørre·myrsky]
windhoos (de)	tornado	[tornado]
tyfoon (de)	taifuuni	[tajfu:ni]
orkaan (de)	hirmumyrsky	[hirmu·myrsky]
storm (de)	myrsky	[myrsky]
tsunami (de)	tsunami	[tsunami]
cycloon (de)	sykloni	[sykloni]
onweer (het)	koiranilma	[kojran·ilma]
brand (de)	palo	[palo]
ramp (de)	katastrofi	[katastrofi]
meteoriet (de)	meteoriitti	[meteori:tti]
lawine (de)	lumivyöry	[lumi·ʋyøry]
sneeuwverschuiving (de)	lumivyöry	[lumi·ʋyøry]
sneeuwjacht (de)	pyry	[pyry]
sneeuwstorm (de)	pyry	[pyry]

Fauna

174. Zoogdieren. Roofdieren

roofdier (het)	peto	[peto]
tijger (de)	tiikeri	[ti:keri]
leeuw (de)	leijona	[leijona]
wolf (de)	susi	[susi]
vos (de)	kettu	[kettu]
jaguar (de)	jaguaari	[jagua:ri]
luipaard (de)	leopardi	[leopardi]
jachtluipaard (de)	gepardi	[gepardi]
panter (de)	pantteri	[pantteri]
poema (de)	puuma	[pu:ma]
sneeuwluipaard (de)	lumileopardi	[lumi·leopardi]
lynx (de)	ilves	[ilues]
coyote (de)	kojootti	[kojo:tti]
jakhals (de)	sakaali	[saka:li]
hyena (de)	hyeena	[hye:na]

175. Wilde dieren

dier (het)	eläin	[elæjn]
beest (het)	peto	[peto]
eekhoorn (de)	orava	[oraua]
egel (de)	siili	[si:li]
haas (de)	jänis	[jænis]
konijn (het)	kaniini	[kani:ni]
das (de)	mäyrä	[mæuræ]
wasbeer (de)	pesukarhu	[pesu·karhu]
hamster (de)	hamsteri	[hamsteri]
marmot (de)	murmeli	[murmeli]
mol (de)	maamyyrä	[ma:my:ræ]
muis (de)	hiiri	[hi:ri]
rat (de)	rotta	[rotta]
vleermuis (de)	lepakko	[lepakko]
hermelijn (de)	kärppä	[kærppæ]
sabeldier (het)	soopeli	[so:peli]
marter (de)	näätä	[næ:tæ]
wezel (de)	lumikko	[lumikko]
nerts (de)	minkki	[miŋkki]

| bever (de) | majava | [majɑʋɑ] |
| otter (de) | saukko | [sɑukko] |

paard (het)	hevonen	[heʋonen]
eland (de)	hirvi	[hirʋi]
hert (het)	poro	[poro]
kameel (de)	kameli	[kameli]

bizon (de)	biisoni	[biːsoni]
wisent (de)	visentti	[ʋisentti]
buffel (de)	puhveli	[puhʋeli]

zebra (de)	seepra	[seːpra]
antilope (de)	antilooppi	[antiloːppi]
ree (de)	metsäkauris	[metsæ·kɑuris]
damhert (het)	kuusipeura	[kuːsi·peura]
gems (de)	gemssi	[gemssi]
everzwijn (het)	villisika	[ʋilli·sikɑ]

walvis (de)	valas	[ʋɑlɑs]
rob (de)	hylje	[hylje]
walrus (de)	mursu	[mursu]
zeebeer (de)	merikarhu	[meri·kɑrhu]
dolfijn (de)	delfiini	[delfiːni]

beer (de)	karhu	[kɑrhu]
ijsbeer (de)	jääkarhu	[jæːkɑrhu]
panda (de)	panda	[pɑndɑ]

aap (de)	apina	[ɑpinɑ]
chimpansee (de)	simpanssi	[simpɑnssi]
orang-oetan (de)	oranki	[orɑŋki]
gorilla (de)	gorilla	[gorillɑ]
makaak (de)	makaki	[mɑkɑki]
gibbon (de)	gibboni	[gibboni]

olifant (de)	norsu	[norsu]
neushoorn (de)	sarvikuono	[sɑrʋi·kuono]
giraffe (de)	kirahvi	[kirɑhʋi]
nijlpaard (het)	virtahepo	[ʋirtɑ·hepo]

| kangoeroe (de) | kenguru | [keŋuru] |
| koala (de) | pussikarhu | [pussi·kɑrhu] |

mangoest (de)	faaraorotta	[fɑːrɑo·rottɑ]
chinchilla (de)	sinsilla	[sinsillɑ]
stinkdier (het)	haisunäätä	[hɑjsunæːtæ]
stekelvarken (het)	piikkisika	[piːkki·sikɑ]

176. Huisdieren

poes (de)	kissa	[kissɑ]
kater (de)	kollikissa	[kolli·kissɑ]
hond (de)	koira	[kojrɑ]

paard (het)	hevonen	[heʋonen]
hengst (de)	ori	[ori]
merrie (de)	tamma	[tamma]

koe (de)	lehmä	[lehmæ]
bul, stier (de)	sonni	[sonni]
os (de)	härkä	[hærkæ]

schaap (het)	lammas	[lammas]
ram (de)	pässi	[pæssi]
geit (de)	vuohi	[ʋuoɦi]
bok (de)	pukki	[pukki]

| ezel (de) | aasi | [ɑːsi] |
| muilezel (de) | muuli | [muːli] |

varken (het)	sika	[sika]
biggetje (het)	porsas	[porsas]
konijn (het)	kaniini	[kaniːni]

| kip (de) | kana | [kana] |
| haan (de) | kukko | [kukko] |

eend (de)	ankka	[aŋkka]
woerd (de)	urosankka	[uros·aŋkka]
gans (de)	hanhi	[hanhi]

| kalkoen haan (de) | uroskalkkuna | [uros·kalkkuna] |
| kalkoen (de) | kalkkuna | [kalkkuna] |

huisdieren (mv.)	kotieläimet	[koti·elæjmet]
tam (bijv. hamster)	kesy	[kesy]
temmen (tam maken)	kesyttää	[kesyttæː]
fokken (bijv. paarden ~)	kasvattaa	[kasʋattɑː]

boerderij (de)	farmi	[farmi]
gevogelte (het)	siipikarja	[siːpi·karja]
rundvee (het)	karja	[karja]
kudde (de)	lauma	[lauma]

paardenstal (de)	hevostalli	[heʋos·talli]
zwijnenstal (de)	sikala	[sikala]
koeienstal (de)	navetta	[naʋetta]
konijnenhok (het)	kanikoppi	[kani·koppi]
kippenhok (het)	kanala	[kanala]

177. Honden. Hondenrassen

hond (de)	koira	[kojra]
herdershond (de)	paimenkoira	[pajmeŋ·kojra]
Duitse herdershond (de)	saksanpaimenkoira	[saksan·pajmeŋ·kojra]
poedel (de)	villakoira	[ʋilla·kojra]
teckel (de)	mäyräkoira	[mæeuræ·kojra]
buldog (de)	bulldoggi	[bulldoggi]

boxer (de)	bokseri	[bokseri]
mastiff (de)	mastiffi	[mɑstiffi]
rottweiler (de)	rottweiler	[rottuɑjler]
doberman (de)	dobermanni	[dobermɑnni]

basset (de)	basset	[bɑsset]
bobtail (de)	bobtail, lampuri	[bobtejl], [læmpuri]
dalmatiër (de)	dalmatiankoira	[dɑlmɑtiɑni·kojrɑ]
cockerspaniël (de)	cockerspanieli	[kokker·spɑnieli]

| Newfoundlander (de) | newfoundlandinkoira | [njufɑundlɑndiŋ·kojrɑ] |
| sint-bernard (de) | bernhardinkoira | [bernhɑrdin·kojrɑ] |

husky (de)	siperianhusky	[siperiɑn·husky]
chowchow (de)	kiinanpystykorva	[ki:nɑnpysty·koruɑ]
spits (de)	kääpiöpystykorva	[kæ:piøpysty·koruɑ]
mopshond (de)	mopsi	[mopsi]

178. Dierengeluiden

geblaf (het)	haukunta	[hɑukuntɑ]
blaffen (ww)	haukkua	[hɑukkuɑ]
miauwen (ww)	naukua	[nɑukuɑ]
spinnen (katten)	kehrätä	[kehrætæ]

loeien (ov. een koe)	ammua	[ɑmmuɑ]
brullen (stier)	mylviä	[myluiæ]
grommen (ov. de honden)	möristä	[møristæ]

gehuil (het)	ulvonta	[uluontɑ]
huilen (wolf, enz.)	ulvoa	[uluoɑ]
janken (ov. een hond)	inistä	[inistæ]

mekkeren (schapen)	määkiä	[mæ:kiæ]
knorren (varkens)	röhkiä	[røhkiæ]
gillen (bijv. varken)	vinkua	[uiŋkuɑ]

kwaken (kikvorsen)	kurnuttaa	[kurnuttɑ:]
zoemen (hommel, enz.)	surista	[suristɑ]
tjirpen (sprinkhanen)	sirittää	[sirittæ:]

179. Vogels

vogel (de)	lintu	[lintu]
duif (de)	kyyhky	[ky:hky]
mus (de)	varpunen	[uɑrpunen]
koolmees (de)	tiainen	[tiɑjnen]
ekster (de)	harakka	[hɑrɑkkɑ]

raaf (de)	korppi	[korppi]
kraai (de)	varis	[uɑris]
kauw (de)	naakka	[nɑ:kkɑ]

roek (de)	mustavaris	[musta·ʋaris]
eend (de)	ankka	[aŋkka]
gans (de)	hanhi	[hanhi]
fazant (de)	fasaani	[fasɑ:ni]
arend (de)	kotka	[kotka]
havik (de)	haukka	[haukka]
valk (de)	jalohaukka	[jalo·haukka]
gier (de)	korppikotka	[korppi·kotka]
condor (de)	kondori	[kondori]
zwaan (de)	joutsen	[joutsen]
kraanvogel (de)	kurki	[kurki]
ooievaar (de)	haikara	[hajkara]
papegaai (de)	papukaija	[papukaija]
kolibrie (de)	kolibri	[kolibri]
pauw (de)	riikinkukko	[ri:kiŋ·kukko]
struisvogel (de)	strutsi	[strutsi]
reiger (de)	haikara	[hajkara]
flamingo (de)	flamingo	[flamiŋo]
pelikaan (de)	pelikaani	[pelikɑ:ni]
nachtegaal (de)	satakieli	[sata·kieli]
zwaluw (de)	pääskynen	[pæ:skynen]
lijster (de)	rastas	[rastas]
zanglijster (de)	laulurastas	[laulu·rastas]
merel (de)	mustarastas	[musta·rastas]
gierzwaluw (de)	tervapääsky	[terʋa·pæ:sky]
leeuwerik (de)	leivonen	[lejʋonen]
kwartel (de)	viiriäinen	[ʋi:riæjnen]
specht (de)	tikka	[tikka]
koekoek (de)	käki	[kæki]
uil (de)	pöllö	[pøllø]
oehoe (de)	huuhkaja	[hu:hkaja]
auerhoen (het)	metso	[metso]
korhoen (het)	teeri	[te:ri]
patrijs (de)	peltopyy	[pelto·py:]
spreeuw (de)	kottarainen	[kottarajnen]
kanarie (de)	kanarialintu	[kanaria·lintu]
hazelhoen (het)	pyy	[py:]
vink (de)	peippo	[pejppo]
goudvink (de)	punatulkku	[puna·tulkku]
meeuw (de)	lokki	[lokki]
albatros (de)	albatrossi	[albatrossi]
pinguïn (de)	pingvjini	[piŋʋi:ni]

180. Vogels. Zingen en geluiden

fluiten, zingen (ww)	laulaa	[laula:]
schreeuwen (dieren, vogels)	huutaa	[hu:ta:]
kraaien (ov. een haan)	kiekua	[kiekua]
kukeleku	kukkokiekuu	[kukkokieku:]
klokken (hen)	kotkottaa	[kotkotta:]
krassen (kraai)	raakkua	[ra:kkua]
kwaken (eend)	vaakkua	[ʋa:kkua]
piepen (kuiken)	piipittää	[pi:pittæ:]
tjilpen (bijv. een mus)	sirkuttaa	[sirkutta:]

181. Vis. Zeedieren

brasem (de)	lahna	[lahna]
karper (de)	karppi	[karppi]
baars (de)	ahven	[ahʋen]
meerval (de)	monni	[monni]
snoek (de)	hauki	[hauki]
zalm (de)	lohi	[lohi]
steur (de)	sampi	[sampi]
haring (de)	silli	[silli]
atlantische zalm (de)	merilohi	[meri·lohi]
makreel (de)	makrilli	[makrilli]
platvis (de)	kampela	[kampela]
snoekbaars (de)	kuha	[kuha]
kabeljauw (de)	turska	[turska]
tonijn (de)	tonnikala	[tonnikala]
forel (de)	taimen	[tajmen]
paling (de)	ankerias	[aŋkerias]
sidderrog (de)	rausku	[rausku]
murene (de)	mureena	[mure:na]
piranha (de)	punapiraija	[puna·piraija]
haai (de)	hai	[haj]
dolfijn (de)	delfiini	[delfi:ni]
walvis (de)	valas	[ʋalas]
krab (de)	taskurapu	[tasku·rapu]
kwal (de)	meduusa	[medu:sa]
octopus (de)	meritursas	[meri·tursas]
zeester (de)	meritähti	[meri·tæhti]
zee-egel (de)	merisiili	[meri·si:li]
zeepaardje (het)	merihevonen	[meri·heʋonen]
oester (de)	osteri	[osteri]
garnaal (de)	katkarapu	[katkarapu]

| kreeft (de) | hummeri | [hummeri] |
| langoest (de) | langusti | [laŋusti] |

182. Amfibieën. Reptielen

| slang (de) | käärme | [kæ:rme] |
| giftig (slang) | myrkky-, myrkyllinen | [myrkky], [myrkyllinen] |

adder (de)	kyy	[ky:]
cobra (de)	silmälasikäärme	[silmælɑsi·kæ:rme]
python (de)	pyton	[pyton]
boa (de)	jättiläiskäärme	[jættilæjs·kæ:rme]

ringslang (de)	turhakäärme	[turhɑ·kæ:rme]
ratelslang (de)	kalkkarokäärme	[kɑlkkɑro·kæ:rme]
anaconda (de)	anakonda	[ɑnɑkondɑ]

hagedis (de)	lisko	[lisko]
leguaan (de)	iguaani	[iguɑ:ni]
varaan (de)	varaani	[ʋɑrɑ:ni]
salamander (de)	salamanteri	[sɑlɑmɑnteri]
kameleon (de)	kameleontti	[kɑmeleontti]
schorpioen (de)	skorpioni	[skorpioni]

schildpad (de)	kilpikonna	[kilpi·konnɑ]
kikker (de)	sammakko	[sɑmmɑkko]
pad (de)	konna	[konnɑ]
krokodil (de)	krokotiili	[krokoti:li]

183. Insecten

insect (het)	hyönteinen	[hyøntejnen]
vlinder (de)	perhonen	[perhonen]
mier (de)	muurahainen	[mu:rɑhɑjnen]
vlieg (de)	kärpänen	[kærpænen]
mug (de)	hyttynen	[hyttynen]
kever (de)	kovakuoriainen	[koʋɑ·kuoriɑjnen]

wesp (de)	ampiainen	[ɑmpiɑjnen]
bij (de)	mehiläinen	[mehilæjnen]
hommel (de)	kimalainen	[kimɑlɑjnen]
horzel (de)	kiiliäinen	[ki:liæjnen]

| spin (de) | hämähäkki | [hæmæɦækki] |
| spinnenweb (het) | hämähäkinseitti | [hæmæɦækin·sejtti] |

libel (de)	sudenkorento	[sudeŋ·korento]
sprinkhaan (de)	hepokatti	[hepokɑtti]
nachtvlinder (de)	yöperhonen	[yø·perhonen]

| kakkerlak (de) | torakka | [torɑkkɑ] |
| teek (de) | punkki | [puŋkki] |

| vlo (de) | kirppu | [kirppu] |
| kriebelmug (de) | mäkärä | [mækæræ] |

treksprinkhaan (de)	kulkusirkka	[kulku·sirkka]
slak (de)	etana	[etana]
krekel (de)	sirkka	[sirkka]
glimworm (de)	kiiltomato	[ki:lto·mato]
lieveheersbeestje (het)	leppäkerttu	[leppæ·kerttu]
meikever (de)	turilas	[turilas]

bloedzuiger (de)	juotikas	[juotikas]
rups (de)	toukka	[toukka]
aardworm (de)	kastemato	[kaste·mato]
larve (de)	toukka	[toukka]

184. Dieren. Lichaamsdelen

snavel (de)	nokka	[nokka]
vleugels (mv.)	siivet	[si:ʋet]
poot (ov. een vogel)	käpälä	[kæpælæ]
verenkleed (het)	höyhenpeite	[høyhen·pejte]
veer (de)	höyhen	[høyhen]
kuifje (het)	töyhtö	[tøyhtø]

kieuwen (mv.)	kidukset	[kidukset]
kuit, dril (de)	kutea	[kutea]
larve (de)	toukka	[toukka]
vin (de)	evä	[eʋæ]
schubben (mv.)	suomut	[suomut]

slagtand (de)	torahammas	[tora·hammas]
poot (bijv. ~ van een kat)	tassu, käpälä	[tassu], [kæpælæ]
muil (de)	kuono	[kuono]
bek (mond van dieren)	kita	[kita]
staart (de)	häntä	[hæntæ]
snorharen (mv.)	viikset	[ʋi:kset]

| hoef (de) | kavio | [kaʋio] |
| hoorn (de) | sarvi | [sarʋi] |

schild (schildpad, enz.)	panssari	[panssari]
schelp (de)	kotilo	[kotilo]
eierschaal (de)	kuori	[kuori]

| vacht (de) | karva | [karʋa] |
| huid (de) | vuota | [ʋuota] |

185. Dieren. Leefomgevingen

leefgebied (het)	elinympäristö	[elin·ympæristø]
migratie (de)	muuttoliike	[mu:ttoli:ke]
berg (de)	vuori	[ʋuori]

rif (het)	riutta	[riutta]
klip (de)	kalju	[kalju]

bos (het)	metsä	[metsæ]
jungle (de)	viidakko	[ʋi:dakko]
savanne (de)	savanni	[saʋanni]
toendra (de)	tundra	[tundra]

steppe (de)	aro	[aro]
woestijn (de)	aavikko	[a:ʋikko]
oase (de)	keidas	[kejdas]

zee (de)	meri	[meri]
meer (het)	järvi	[jærʋi]
oceaan (de)	valtameri	[ʋalta·meri]

moeras (het)	suo	[suo]
zoetwater- (abn)	makeavetinen	[makea·ʋetinen]
vijver (de)	lampi, lammikko	[lampi], [lammikko]
rivier (de)	joki	[joki]

berenhol (het)	karhunpesä	[karhun·pesæ]
nest (het)	pesä	[pesæ]
boom holte (de)	pesäkolo	[pesæ·kolo]
hol (het)	kolo	[kolo]
mierenhoop (de)	muurahaiskeko	[mu:raɦajs·keko]

Flora

186. Bomen

boom (de)	puu	[pu:]
loof- (abn)	lehti-	[lehti]
dennen- (abn)	havu-	[havu]
groenblijvend (bn)	ikivihreä	[ikivihrea]
appelboom (de)	omenapuu	[omena·pu:]
perenboom (de)	päärynäpuu	[pæ:rynæ·pu:]
zoete kers (de)	linnunkirsikkapuu	[linnun·kirsikkapu:]
zure kers (de)	hapankirsikkapuu	[hapan·kirsikkapu:]
pruimelaar (de)	luumupuu	[lu:mu·pu:]
berk (de)	koivu	[kojuu]
eik (de)	tammi	[tammi]
linde (de)	lehmus	[lehmus]
esp (de)	haapa	[ha:pa]
esdoorn (de)	vaahtera	[ua:htera]
spar (de)	kuusipuu	[ku:si·pu:]
den (de)	mänty	[mænty]
lariks (de)	lehtikuusi	[lehti·ku:si]
zilverspar (de)	jalokuusi	[jaloku:si]
ceder (de)	setri	[setri]
populier (de)	poppeli	[poppeli]
lijsterbes (de)	pihlaja	[pihlaja]
wilg (de)	paju	[paju]
els (de)	leppä	[leppæ]
beuk (de)	pyökki	[pyøkki]
iep (de)	jalava	[jalaua]
es (de)	saarni	[sa:rni]
kastanje (de)	kastanja	[kastanja]
magnolia (de)	magnolia	[magnolia]
palm (de)	palmu	[palmu]
cipres (de)	sypressi	[sypressi]
mangrove (de)	mangrove	[maŋroue]
baobab (apenbroodboom)	apinanleipäpuu	[apinan·lejpæpu:]
eucalyptus (de)	eukalyptus	[eukalyptus]
mammoetboom (de)	punapuu	[puna·pu:]

187. Heesters

struik (de)	pensas	[pensas]
heester (de)	pensaikko	[pensajkko]

| wijnstok (de) | viinirypäleet | [ui:ni·rypæle:t] |
| wijngaard (de) | viinitarha | [ui:ni·tarha] |

frambozenstruik (de)	vadelma	[uadelma]
zwarte bes (de)	mustaherukka	[musta·herukka]
rode bessenstruik (de)	punaherukka	[puna·herukka]
kruisbessenstruik (de)	karviainen	[karuiajnen]

acacia (de)	akasia	[akasia]
zuurbes (de)	happomarja	[happomarja]
jasmijn (de)	jasmiini	[jasmi:ni]

jeneverbes (de)	kataja	[kataja]
rozenstruik (de)	ruusupensas	[ru:su·pensas]
hondsroos (de)	villiruusu	[uilli·ru:su]

188. Champignons

paddenstoel (de)	sieni	[sieni]
eetbare paddenstoel (de)	ruokasieni	[ruoka·sieni]
giftige paddenstoel (de)	myrkkysieni	[myrkky·sieni]
hoed (de)	lakki	[lakki]
steel (de)	jalka	[jalka]

eekhoorntjesbrood (het)	herkkutatti	[herkkutatti]
rosse populierboleet (de)	punikkitatti	[punikki·tatti]
berkenboleet (de)	lehmäntatti	[lehmæn·tatti]
cantharel (de)	keltavahvero	[kelta·uahuero]
russula (de)	hapero	[hapero]

morielje (de)	huhtasieni	[huhtasieni]
vliegenzwam (de)	kärpässieni	[kærpæssieni]
groene knolamaniet (de)	kavalakärpässieni	[kauala·kærpæssieni]

189. Vruchten. Bessen

vrucht (de)	hedelmä	[hedelmæ]
vruchten (mv.)	hedelmät	[hedelmæt]
appel (de)	omena	[omena]
peer (de)	päärynä	[pæ:rynæ]
pruim (de)	luumu	[lu:mu]

aardbei (de)	mansikka	[mansikka]
zure kers (de)	hapankirsikka	[hapan·kirsikka]
zoete kers (de)	linnunkirsikka	[linnun·kirsikka]
druif (de)	viinirypäleet	[ui:ni·rypæle:t]

framboos (de)	vadelma	[uadelma]
zwarte bes (de)	mustaherukka	[musta·herukka]
rode bes (de)	punaherukka	[puna·herukka]
kruisbes (de)	karviainen	[karuiajnen]
veenbes (de)	karpalo	[karpalo]

sinaasappel (de)	appelsiini	[appelsi:ni]
mandarijn (de)	mandariini	[mandari:ni]
ananas (de)	ananas	[ananas]
banaan (de)	banaani	[bana:ni]
dadel (de)	taateli	[ta:teli]

citroen (de)	sitruuna	[sitru:na]
abrikoos (de)	aprikoosi	[apriko:si]
perzik (de)	persikka	[persikka]
kiwi (de)	kiivi	[ki:ʋi]
grapefruit (de)	greippi	[grejppi]

bes (de)	marja	[marja]
bessen (mv.)	marjat	[marjat]
vossenbes (de)	puolukka	[puolukka]
bosaardbei (de)	ahomansikka	[aho·mansikka]
blauwe bosbes (de)	mustikka	[mustikka]

190. Bloemen. Planten

| bloem (de) | kukka | [kukka] |
| boeket (het) | kukkakimppu | [kukka·kimppu] |

roos (de)	ruusu	[ru:su]
tulp (de)	tulppani	[tulppani]
anjer (de)	neilikka	[nejlikka]
gladiool (de)	miekkalilja	[miekkalilja]

korenbloem (de)	kaunokki	[kaunokki]
klokje (het)	kissankello	[kissan·kello]
paardenbloem (de)	voikukka	[ʋoj·kukka]
kamille (de)	päivänkakkara	[pæjʋæn·kakkara]

aloë (de)	aaloe	[a:loe]
cactus (de)	kaktus	[kaktus]
ficus (de)	fiikus	[fi:kus]

lelie (de)	lilja	[lilja]
geranium (de)	kurjenpolvi	[kurjen·polʋi]
hyacint (de)	hyasintti	[hyasintti]

mimosa (de)	mimosa	[mimosa]
narcis (de)	narsissi	[narsissi]
Oost-Indische kers (de)	koristekrassi	[koriste·krassi]

orchidee (de)	orkidea	[orkidea]
pioenroos (de)	pioni	[pioni]
viooltje (het)	orvokki	[orʋokki]

driekleurig viooltje (het)	keto-orvokki	[keto·orʋokki]
vergeet-mij-nietje (het)	lemmikki	[lemmikki]
madeliefje (het)	kaunokainen	[kaunokajnen]
papaver (de)	unikko	[unikko]
hennep (de)	hamppu	[hamppu]

munt (de)	minttu	[minttu]
lelietje-van-dalen (het)	kielo	[kielo]
sneeuwklokje (het)	lumikello	[lumi·kello]

brandnetel (de)	nokkonen	[nokkonen]
veldzuring (de)	suolaheinä	[suola·hejnæ]
waterlelie (de)	lumme	[lumme]
varen (de)	saniainen	[saniajnen]
korstmos (het)	jäkälä	[jækælæ]

oranjerie (de)	talvipuutarha	[talui·pu:tarha]
gazon (het)	nurmikko	[nurmikko]
bloemperk (het)	kukkapenkki	[kukka·peŋkki]

plant (de)	kasvi	[kasui]
gras (het)	ruoho	[ruoho]
grasspriet (de)	heinänkorsi	[hejnæŋ·korsi]

blad (het)	lehti	[lehti]
bloemblad (het)	terälehti	[teræ·lehti]
stengel (de)	varsi	[uarsi]
knol (de)	mukula	[mukula]

scheut (de)	itu	[itu]
doorn (de)	piikki	[pi:kki]

bloeien (ww)	kukkia	[kukkia]
verwelken (ww)	kuihtua	[kujhtua]
geur (de)	tuoksu	[tuoksu]
snijden (bijv. bloemen ~)	leikata	[lejkata]
plukken (bloemen ~)	repiä	[repiæ]

191. Granen, graankorrels

graan (het)	vilja	[uilja]
graangewassen (mv.)	viljat	[uiljat]
aar (de)	tähkä	[tæhkæ]

tarwe (de)	vehnä	[uehnæ]
rogge (de)	ruis	[rujs]
haver (de)	kaura	[kaura]

gierst (de)	hirssi	[hirssi]
gerst (de)	ohra	[ohra]

maïs (de)	maissi	[majssi]
rijst (de)	riisi	[ri:si]
boekweit (de)	tattari	[tattari]

erwt (de)	herne	[herne]
nierboon (de)	pavut	[pauut]
soja (de)	soija	[soija]
linze (de)	linssi	[linssi]
bonen (mv.)	pavut	[pauut]

REGIONALE AARDRIJKSKUNDE

Landen. Nationaliteiten

192. Politiek. Overheid. Deel 1

politiek (de)	politiikka	[politi:kka]
politiek (bn)	poliittinen	[poli:ttinen]
politicus (de)	poliitikko	[poli:tikko]

staat (land)	valtio	[ʋaltio]
burger (de)	kansalainen	[kansalajnen]
staatsburgerschap (het)	kansalaisuus	[kansalajsu:s]

nationaal wapen (het)	kansallinen vaakuna	[kansallinen ʋa:kuna]
volkslied (het)	kansallishymni	[kansallis·hymni]

regering (de)	hallitus	[hallitus]
staatshoofd (het)	valtionpäämies	[ʋaltion·pæ:mies]
parlement (het)	parlamentti	[parlamentti]
partij (de)	puolue	[puolue]

kapitalisme (het)	kapitalismi	[kapitalismi]
kapitalistisch (bn)	kapitalistinen	[kapitalistinen]

socialisme (het)	sosialismi	[sosialismi]
socialistisch (bn)	sosialistinen	[sosialistinen]

communisme (het)	kommunismi	[kommunismi]
communistisch (bn)	kommunistinen	[kommunistinen]
communist (de)	kommunisti	[kommunisti]

democratie (de)	demokratia	[demokratia]
democraat (de)	demokraatti	[demokra:tti]
democratisch (bn)	demokraattinen	[demokra:ttinen]
democratische partij (de)	demokraattinen puolue	[demokra:ttinen puolue]

liberaal (de)	liberaali	[libera:li]
liberaal (bn)	liberaali	[libera:li]

conservator (de)	konservatiivi	[konserʋati:ʋi]
conservatief (bn)	konservatiivinen	[konserʋati:ʋinen]

republiek (de)	tasavalta	[tasa·ʋalta]
republikein (de)	republikaani	[republika:ni]
Republikeinse Partij (de)	republikaanipuolue	[republika:ni·puolue]

verkiezing (de)	vaalit	[ʋa:lit]
kiezen (ww)	valita	[ʋalita]

| kiezer (de) | valitsijamies | [ʋalitsijamies] |
| verkiezingscampagne (de) | vaalikampanja | [ʋɑ:li·kampɑnjɑ] |

stemming (de)	äänestys	[æ:nestys]
stemmen (ww)	äänestää	[æ:nestæ:]
stemrecht (het)	äänioikeus	[æ:niojkeus]

kandidaat (de)	ehdokas	[ehdokɑs]
zich kandideren	asettua ehdokkaaksi	[ɑsettuɑ ehdokkɑ:ksi]
campagne (de)	kampanja	[kɑmpɑnjɑ]

| oppositie- (abn) | oppositio- | [oppositio] |
| oppositie (de) | oppositio | [oppositio] |

bezoek (het)	vierailu	[ʋierɑjlu]
officieel bezoek (het)	virallinen vierailu	[ʋirɑllinen ʋierɑjlu]
internationaal (bn)	kansainvälinen	[kɑnsɑjnʋælinen]

| onderhandelingen (mv.) | neuvottelut | [neuʋottelut] |
| onderhandelen (ww) | käydä neuvotteluja | [kæydæ neuʋotteluja] |

193. Politiek. Overheid. Deel 2

maatschappij (de)	yhteiskunta	[yhtejs·kunta]
grondwet (de)	perustuslaki	[perustus·laki]
macht (politieke ~)	valta	[ʋalta]
corruptie (de)	korruptio	[korruptjo]

| wet (de) | laki | [laki] |
| wettelijk (bn) | laillinen | [lɑjllinen] |

| rechtvaardigheid (de) | oikeudenmukaisuus | [ojkeuden·mukɑjsu:s] |
| rechtvaardig (bn) | oikeudenmukainen | [ojkeuden·mukɑjnen] |

comité (het)	komitea	[komitea]
wetsvoorstel (het)	lakiehdotus	[laki·ehdotus]
begroting (de)	budjetti	[budjetti]
beleid (het)	politiikka	[politi:kka]
hervorming (de)	reformi	[reformi]
radicaal (bn)	radikaali	[radika:li]

macht (vermogen)	voima	[ʋojma]
machtig (bn)	voimakas	[ʋojmakas]
aanhanger (de)	puolustaja	[puolustaja]
invloed (de)	vaikutus	[ʋɑjkutus]

regime (het)	hallinto	[hallinto]
conflict (het)	konflikti	[konflikti]
samenzwering (de)	salaliitto	[salali:tto]
provocatie (de)	provokaatio	[proʋoka:tio]

omverwerpen (ww)	kukistaa	[kukista:]
omverwerping (de)	vallankaappaus	[ʋallan·ka:ppaus]
revolutie (de)	vallankumous	[ʋallan·kumous]

| staatsgreep (de) | kumous | [kumous] |
| militaire coup (de) | sotilasvallankaappaus | [sotilas·uallan·ka:ppaus] |

crisis (de)	kriisi	[kri:si]
economische recessie (de)	taantuma	[ta:ntuma]
betoger (de)	mielenosoittaja	[mielen·osojttaja]
betoging (de)	mielenosoitus	[mielen·osojtus]
krijgswet (de)	sotatilalaki	[sotatila·laki]
militaire basis (de)	tukikohta	[tuki·kohta]

| stabiliteit (de) | vakaus | [uakaus] |
| stabiel (bn) | vakaa | [uaka:] |

| uitbuiting (de) | hyväksikäyttö | [hyuæksi·kæyttø] |
| uitbuiten (ww) | käyttää hyväksi | [kæyttæ: hyuæksi] |

racisme (het)	rasismi	[rasismi]
racist (de)	rasisti	[rasisti]
fascisme (het)	fasismi	[fasismi]
fascist (de)	fasisti	[fasisti]

194. Landen. Diversen

vreemdeling (de)	ulkomaalainen	[ulkoma:lajnen]
buitenlands (bn)	ulkomainen	[ulkomajnen]
in het buitenland (bw)	ulkomailla	[ulkomajlla]

emigrant (de)	maastamuuttaja	[ma:sta·mu:ttaja]
emigratie (de)	maastamuutto	[ma:sta·mu:tto]
emigreren (ww)	muuttaa maasta	[mu:tta: ma:sta]

Westen (het)	länsi	[lænsi]
Oosten (het)	itä	[itæ]
Verre Oosten (het)	Kaukoitä	[kaukojtæ]

beschaving (de)	sivilisaatio	[siuilisa:tio]
mensheid (de)	ihmiskunta	[ihmis·kunta]
wereld (de)	maailma	[ma:jlma]
vrede (de)	rauha	[rauha]
wereld- (abn)	maailmanlaajuinen	[ma:jlmanla:juinen]

vaderland (het)	synnyinmaa	[synnyjn·ma:]
volk (het)	kansa	[kansa]
bevolking (de)	väestö	[uæestø]
mensen (mv.)	ihmiset	[ihmiset]
natie (de)	kansakunta	[kansa·kunta]
generatie (de)	sukupolvi	[suku·polui]

gebied (bijv. bezette ~en)	alue	[alue]
regio, streek (de)	seutu	[seutu]
deelstaat (de)	osavaltio	[osa·ualtio]

| traditie (de) | perinne | [perinne] |
| gewoonte (de) | tapa | [tapa] |

ecologie (de)	ekologia	[ekologia]
Indiaan (de)	intiaani	[intiɑ:ni]
zigeuner (de)	mustalainen	[mustalɑjnen]
zigeunerin (de)	mustalainen	[mustalɑjnen]
zigeuner- (abn)	mustalainen	[mustalɑjnen]
rijk (het)	keisarikunta	[kejsɑri·kuntɑ]
kolonie (de)	kolonia	[kolonia]
slavernij (de)	orjuus	[orju:s]
invasie (de)	maahanhyökkäys	[mɑ:hɑn·hyøkkæys]
hongersnood (de)	nälänhätä	[nælæn·hætæ]

195. Grote religieuze groepen. Bekentenissen

religie (de)	uskonto	[uskonto]
religieus (bn)	uskonnollinen	[uskonnollinen]
geloof (het)	usko	[usko]
geloven (ww)	uskoa	[uskoa]
gelovige (de)	uskovainen	[uskouɑjnen]
atheïsme (het)	ateismi	[ateismi]
atheïst (de)	ateisti	[ateisti]
christendom (het)	Kristinusko	[kristinusko]
christen (de)	kristitty	[kristitty]
christelijk (bn)	kristillinen	[kristillinen]
katholicisme (het)	Katolilaisuus	[katolilɑjsu:s]
katholiek (de)	katolilainen	[katolilɑjnen]
katholiek (bn)	katolinen	[katolinen]
protestantisme (het)	Protestanttisuus	[protestɑnttisu:s]
Protestante Kerk (de)	Protestanttinen Kirkko	[protestɑnttinen kirkko]
protestant (de)	protestantti	[protestɑntti]
orthodoxie (de)	Ortodoksisuus	[ortodoksisu:s]
Orthodoxe Kerk (de)	Ortodoksinen kirkko	[ortodoksinen kirkko]
orthodox	ortodoksi	[ortodoksi]
presbyterianisme (het)	Presbyteerinen kirkko	[presbyte:rinen kirkko]
Presbyteriaanse Kerk (de)	Presbyteerikirkko	[presbyte:ri·kirkko]
presbyteriaan (de)	presbyteeri	[presbyte:ri]
lutheranisme (het)	Luterilainen Kirkko	[luterilɑjnen kirkko]
lutheraan (de)	luterilainen	[luterilɑjnen]
baptisme (het)	Baptismi	[bɑptismi]
baptist (de)	baptisti	[bɑptisti]
Anglicaanse Kerk (de)	Anglikaaninen Kirkko	[ɑŋlikɑ:ninen kirkko]
anglicaan (de)	anglikaaninen	[ɑŋlikɑ:ninen]
mormonisme (het)	Mormonismi	[mormonismi]
mormoon (de)	mormoni	[mormoni]

Jodendom (het) jood (aanhanger van het Jodendom)	Juutalaisuus juutalainen	[juːtalɑjsuːs] [juːtalɑjnen]

boeddhisme (het) boeddhist (de)	Buddhalaisuus buddhalainen	[buddhalɑjsuːs] [buddhalɑjnen]

hindoeïsme (het) hindoe (de)	Hindulaisuus hindulainen	[hindulɑjsuːs] [hindulɑjnen]

islam (de) islamiet (de) islamitisch (bn)	Islam muslimi islamilainen	[islɑm] [muslimi] [islamilɑjnen]

sjiisme (het) sjiiet (de)	Šiialaisuus shiialainen	[ʃiːalɑjsuːs] [ʃiːalɑjnen]

soennisme (het) soenniet (de)	Sunnalaisuus sunnalainen	[sunnalɑjsuːs] [sunnalɑjnen]

196. Religies. Priesters

priester (de) paus (de)	pappi Paavi	[pappi] [paːʋi]

monnik (de) non (de) pastoor (de)	munkki nunna pastori	[muŋkki] [nunna] [pastori]

abt (de) vicaris (de) bisschop (de) kardinaal (de)	apotti kirkkoherra piispa kardinaali	[apotti] [kirkko·herra] [piːspa] [kardinaːli]

predikant (de) preek (de) kerkgangers (mv.)	saarnaaja saarna; kirkoissa seurakuntalaiset	[saːrnaːja] [saːrna]; [kirkojssa] [seurakunta·lajset]

gelovige (de) atheïst (de)	uskovainen ateisti	[uskoʋajnen] [ateisti]

197. Geloof. Christendom. Islam

Adam Eva	Aadam Eeva	[aːdam] [eːʋa]

God (de) Heer (de) Almachtige (de)	Jumala Luoja Kaikkivoipa	[jumala] [luoja] [kajkki·ʋojpa]

zonde (de) zondigen (ww)	synti tehdä syntiä	[synti] [tehdæ syntiæ]

| zondaar (de) | syntinen | [syntinen] |
| zondares (de) | syntinen | [syntinen] |

| hel (de) | helvetti | [heluetti] |
| paradijs (het) | paratiisi | [parati:si] |

| Jezus | Jeesus | [je:sus] |
| Jezus Christus | Jeesus Kristus | [je:sus kristus] |

Heilige Geest (de)	Pyhä Henki	[pyhæ heŋki]
Verlosser (de)	Pelastaja	[pelastaja]
Maagd Maria (de)	Neitsyt Maria	[nejtsyt maria]

duivel (de)	Perkele	[perkele]
duivels (bn)	perkeleen	[perkele:n]
Satan	Saatana	[sa:tana]
satanisch (bn)	saatanallinen	[sa:tanallinen]

engel (de)	enkeli	[eŋkeli]
beschermengel (de)	suojelusenkeli	[suojelus·eŋkeli]
engelachtig (bn)	enkelin	[eŋkelin]

apostel (de)	apostoli	[apostoli]
aartsengel (de)	arkkienkeli	[arkkieŋkeli]
antichrist (de)	antikristus	[antikristus]

Kerk (de)	kirkko	[kirkko]
bijbel (de)	Raamattu	[ra:mattu]
bijbels (bn)	raamatullinen	[ra:matullinen]

Oude Testament (het)	Vanha testamentti	[uanha testamentti]
Nieuwe Testament (het)	Uusi testamentti	[u:si testamentti]
evangelie (het)	Evankeliumi	[euaŋkeliumi]
Heilige Schrift (de)	Pyhä Raamattu	[pyhæ ra:mattu]
Hemel, Hemelrijk (de)	Taivas	[tajuas]

gebod (het)	käsky	[kæsky]
profeet (de)	profeetta	[profe:tta]
profetie (de)	profetia	[profetia]

Allah	Allah	[allah]
Mohammed	Muhammad	[muhammad]
Koran (de)	Koraani	[kora:ni]

moskee (de)	moskeija	[moskeja]
moellah (de)	mullah	[mullah]
gebed (het)	rukous	[rukous]
bidden (ww)	rukoilla	[rukojlla]

pelgrimstocht (de)	pyhiinvaellus	[pyhi:nuaellus]
pelgrim (de)	pyhiinvaeltaja	[pyhi:nuaeltaja]
Mekka	Mekka	[mekka]

kerk (de)	kirkko	[kirkko]
tempel (de)	temppeli	[temppeli]
kathedraal (de)	tuomiokirkko	[tuomio·kirkko]

gotisch (bn)	goottilainen	[go:ttilɑjnen]
synagoge (de)	synagoga	[synɑgogɑ]
moskee (de)	moskeija	[moskejɑ]
kapel (de)	kappeli	[kɑppeli]
abdij (de)	katolinen luostari	[kɑtolinen luostɑri]
nonnenklooster (het)	nunnaluostari	[nunnɑ·luostɑri]
mannenklooster (het)	munkkiluostari	[muŋkki·luostɑri]
klok (de)	kello	[kello]
klokkentoren (de)	kellotapuli	[kello·tɑpuli]
luiden (klokken)	soittaa	[sojttɑ:]
kruis (het)	risti	[risti]
koepel (de)	kupoli	[kupoli]
icoon (de)	ikoni, pyhäinkuva	[ikoni], [pyɦæjŋ·kuʋɑ]
ziel (de)	sielu	[sielu]
lot, noodlot (het)	kohtalo	[kohtɑlo]
kwaad (het)	paha, pahuus	[pɑɦɑ], [pɑɦu:s]
goed (het)	hyvyys	[hyʋy:s]
vampier (de)	vampyyri	[ʋɑmpy:ri]
heks (de)	noita	[nojtɑ]
demoon (de)	demoni	[demoni]
geest (de)	henki	[heŋki]
verzoeningsleer (de)	lunastus	[lunɑstus]
vrijkopen (ww)	lunastaa	[lunɑstɑ:]
mis (de)	jumalanpalvelus	[jumɑlɑn·pɑlʋelus]
de mis opdragen	toimittaa	[tojmittɑ:
	jumalanpalvelus	jumɑlɑn·pɑlʋelus]
biecht (de)	rippi	[rippi]
biechten (ww)	ripittäytyä	[ripittæytyæ]
heilige (de)	pyhimys	[pyɦimys]
heilig (bn)	pyhä	[pyɦæ]
wijwater (het)	vihkivesi	[ʋiɦki·ʋesi]
ritueel (het)	rituaali	[ritua:li]
ritueel (bn)	rituaalinen	[ritua:linen]
offerande (de)	uhraus	[uhrɑus]
bijgeloof (het)	taikausko	[tɑjkɑ·usko]
bijgelovig (bn)	taikauskoinen	[tɑjkɑuskojnen]
hiernamaals (het)	kuolemanjälkeinen elämä	[kuolemɑnjælkejnen elæmæ]
eeuwige leven (het)	ikuinen elämä	[ikujnen elæmɑ]

DIVERSEN

198. Diverse nuttige woorden

achtergrond (de)	tausta	[tausta]
balans (de)	tasapaino	[tasa·pajno]
basis (de)	pohja	[pohja]
begin (het)	alku	[alku]
beurt (wie is aan de ~?)	vuoro	[ʋuoro]
categorie (de)	kategoria	[kategoria]
comfortabel (~ bed, enz.)	mukava	[mukaʋa]
compensatie (de)	kompensaatio	[kompensa:tio]
deel (gedeelte)	osa	[osa]
deeltje (het)	hiukkanen	[hiukkanen]
ding (object, voorwerp)	esine	[esine]
dringend (bn, urgent)	kiireellinen	[ki:re:llinen]
dringend (bw, met spoed)	kiireellisesti	[ki:re:llisesti]
effect (het)	vaikutus	[ʋajkutus]
eigenschap (kwaliteit)	ominaisuus	[ominajsu:s]
einde (het)	loppu	[loppu]
element (het)	elementti	[elementti]
feit (het)	tosiasia	[tosiasia]
fout (de)	erehdys	[erehdys]
geheim (het)	salaisuus	[salajsu:s]
graad (mate)	aste	[aste]
groei (ontwikkeling)	kasvu	[kasʋu]
hindernis (de)	este	[este]
hinderpaal (de)	este	[este]
hulp (de)	apu	[apu]
ideaal (het)	ihanne	[ihanne]
inspanning (de)	ponnistus	[ponnistus]
keuze (een grote ~)	valikoima	[ʋali·kojma]
labyrint (het)	labyrintti	[labyrintti]
manier (de)	keino	[kejno]
moment (het)	hetki	[hetki]
nut (bruikbaarheid)	hyödyllisyys	[hyødyllisy:s]
onderscheid (het)	erotus	[erotus]
ontwikkeling (de)	kehitys	[kehitys]
oplossing (de)	ratkaisu	[ratkajsu]
origineel (het)	alkuperäiskappale	[alkuperæjs·kappale]
pauze (de)	tauko	[tauko]
positie (de)	asema	[asema]
principe (het)	periaate	[peria:te]

probleem (het)	ongelma	[oŋelma]
proces (het)	prosessi	[prosessi]
reactie (de)	reaktio	[reaktio]

reden (om ~ van)	syy	[sy:]
risico (het)	riski	[riski]
samenvallen (het)	yhteensattuma	[yhte:n·sattuma]
serie (de)	sarja	[sarja]

situatie (de)	tilanne	[tilanne]
soort (bijv. ~ sport)	laji	[lajı]
standaard (bn)	standardi-	[standardi]
standaard (de)	standardi	[standardi]
stijl (de)	tyyli	[ty:li]

stop (korte onderbreking)	seisaus	[seisaus]
systeem (het)	systeemi	[syste:mi]
tabel (bijv. ~ van Mendelejev)	taulukko	[taulukko]
tempo (langzaam ~)	tempo	[tempo]
term (medische ~en)	termi	[termi]

type (soort)	tyyppi	[ty:ppi]
variant (de)	variantti	[variantti]
veelvuldig (bn)	usein toistuva	[usejn tojstuua]
vergelijking (de)	vertailu	[uertajlu]
voorbeeld (het goede ~)	esimerkki	[esimerkki]

voortgang (de)	edistys	[edistys]
voorwerp (ding)	esine	[esine]
vorm (uiterlijke ~)	muoto	[muoto]
waarheid (de)	totuus	[totu:s]
zone (de)	vyöhyke	[uyøhyke]